光緒餘姚縣志

3

紹興大典

史部

中華書局

餘姚縣志卷十四

古蹟

漢

嚴陵塢在客星山下方輿勝覽乾隆志案嘉泰會稽志謂嚴陵塢在子陵故居疑在嚴公山下韓性五雲漫稿謂子陵避王莽之聘隱居邑之東偏今墓道所在即其隱居之所然則嚴陵塢當定在客星山下矣子陵辭僞新聘命不載於後漢書本傳而見於三國志注世徒知其不事故人爲高節而不知其抗命僞朝潔身全行尤足以風世而勵俗也覽古蹟者覩山高水長而可興矣

張平子宅在縣南四明三朵峯下乾隆府志引舊志

丹山圖詠注張平子嘗劃木於此此山有版木三五堆作紫金色常有雲霞覆之昔時張充嘗見此版得五寸往見會稽太守劃作胡蝶便冲天飛去　國朝黃宗羲注三朵峯中有石室張平子居之平子名衡漢人張充字延緒南齊人其至餘姚史傳無攷　案丹山圖詠舊題晉木玄虛譔賀知章注黃宗羲序以爲元道士毛永貞之徒所爲其攀

援故事大概子虛烏有疑在所闕然如梨洲言則流傳亦始自元代故過而存之

黃昌宅在治西南一里黃橋之南嘉靖志水經江水又東逕黃橋下注臨江有漢蜀郡太守黃昌宅橋本昌創建康熙志

乾隆志案水經注所言江水實兼浦陽江而言之後世隄堰日增非復當時故道矣

國朝邵家八詩浦陽西隔不通潮太守遺居訪寂寥江水尚留名姓古小黃橋接大黃橋原注右達門稱大黃橋稍西曰小黃橋

皁莢嶋在杖錫西嶺之下大蘭之支山也以劉綱樊夫人昇仙得名康熙志

宋孫應時詩劉樊蟬蛻此登仙老木當年已插天仙骨半枯猶秀潤蒼皮新長更榮鮮蟠桃待熟三千歲銅狄重摩五百年化鶴未歸山寂寂徘徊誰與溯因緣明汪禮約懷劉伯常詩冥鴻有奇羽清廟無遺音事往迹已闊感來念易深伊人秉高尚脫屣謝朝簪巖扉入幽亢丹壑窮嶔嶔霧斂溟海白雲藏山澗陰徘徊一溪阻莽互千里岑白

日任推薦歲事空蕭森顧己慚獨往悵矣千載心

樊榭在大蘭山詳山川志

虞國墅在羅壁山漢虞季鴻之別墅也至晉而郗愔卜居之有郗家池康熙志謝靈運山居賦所云郗氏奧是也四明山志互見山川志

虞國宅在緒山南酈道元云宅今爲百官倉即雙雁送國歸處初號西虞以國兄零陵太守光居縣東稱東虞嘉靖志

晉

賀墅在雲樓鄉賀循所居於越新編

宋岑全詩荒村車馬驚鸞鶴散騎茅堂見杜蘭冰玉自甘山水味漫勞甲第賜長安　國朝邵晉涵姚江櫂歌雲木參差是水西芳名猶擅賀公溪不知狂客吟詩後采藥何人復杖藜　朱文治雲樓鄉懷古詩賀司空可作一墅在

雲樓東晉朝初建山陰權此留滯疑資應對王謝並風流懷古新亭築低徊過客舟自註周藕香祠部築懷賀亭於三十里牌

謝文靖故居在四明鄉之東山方輿路程考略　乾隆志　案上虞東山爲謝玄所考卜後人歸其名於文靖而餘姚東山之名隱矣今據四明志改正

養親堂虞氏家記晉右衛將軍虞潭以太夫人年高求解職被召不聽特假百日東歸起堂養母親友會集作詩言志乾隆志引永樂府志今莫考其地嘉靖志　案或云在東水間

附

晉井在東門外盧氏掘地得井其井闌皆燒就上有咸和年號康熙志　井在衙衕　案

南北朝

噴珠亭在通德鄉查湖宋元嘉中李信搆亭其間遺址尚存於越新編互見山川志

鹿亭在大蘭山詳山川志

日門館在太平山梁杜京產寓館也陶弘景碑曰吳郡杜徵君拓宇太平之東結架菁山之北爰以幽奇別就基址棲集有道多歷歲年嘉靖志元末劉履亦避地於此自號草澤閒民康熙志互見山川志

阮家池在治西南梁文宣太后令嬴故宅康熙志互見山川志

唐

虞家城在梅川鄉嘉靖志案水經注云虞翻嘗登緒山望四郭戒子孫曰可留江北居後世祿位當過於我聲名不及爾然相繼代興居江南必不昌諸虞氏由此悉居江北又云山南有百官倉即虞國舊宅據此

則緒山別稱嶼山而郡志沿之殊不爲誤且虞氏奕世貴盛多開第宅據翻之言固有居江南北者又不特專此城以居也顧其城厚完非永興輩其力或不能辨此　明宋僖記略余避難梅川時胡處士達道嘗謂余曰鄉有虞家城者父老相傳爲虞世南宅基吾壯歲猶見其遺址高一丈許厚二丈餘吾祖母出其地余因與其從子惟彥過其處則其址之存者厚如處士往歲所見高則四尺餘耳周圍度之爲丈百有五十旁近居者多虞氏家輿地志及孔曄記漢日南太守虞國宅在餘姚嶼山南郡志謂治之東北三十里有嶼山今所謂虞家城正在其南二里許國宅此無疑謂其宅在治西一里靈緒山南蓋郡志誤也郡志既誤而此相傳爲世南宅基者意世南亦居是地鄉人自其盛者傳之耳

宋

向家池在治南一里許相傳向敏中故里康熙志近南城直街案池今居民恃以禦火攷古今圖書集成池不二三丈四面石甃之鄉人云是向敏中家池今城南有向丞相墓慈谿向姓是其子孫攷敏中開封人不應餘姚有墓想其子孫隨南渡者陳參政云高曹向孟四姓俱來餘姚向后是敏中孫

女國戚隨徙
意或近之
喚仙閣在龍泉寺後本王安石喚取仙人來住此句 嘉靖志
明趙謙詩蒼山倚層構丹室棲神仙神仙去已遠遺蹟在
林泉昔賢慕遐舉何術能長年招招不可見從誰問眞詮
王生自緱嶺黃鶴留青田長林振哀籟秋草棲殘煙蓬萊
有高上延佇思悁悁冥搜發佳詠清風滿山川 國朝盧
存心詩昔人招手向蓬萊欲喚仙人不肯
來海外荒荒爭以此青山環繞碧溪迴
冠珮里在雙雁鄉南山宋朱廷碧熙寧時拜兵部尚書致
政來姚見雙雁石倉之美而卜築遂世居焉石倉如冠如
珮因名冠珮里 明翁大立朱氏譜序
陳侍郎橐故居在通德鄉剡湖嶴 康熙志 乾隆志案宋
史陳橐傳稱其歸隱剡
中或疑其隱居在嵊縣考嘉泰會稽志宋宣和中方臘之
亂童貫奏改剡縣爲嵊則知南渡以後稱剡中者正指餘
姚剡湖而言讀史者當
詳考於地名之沿革也

更好亭在龍泉寺後宋高宗嘗幸寺登此望風物訖曰更好因以爲名嘉靖志

時齋在燭湖孫應時讀書處慈湖楊簡爲之記漸水舊聞

讀書墩在栲栳溪旁莫子純居於此名勝志

信天巢在江村匡堰高翥故居乾隆志引舊浙江省志國朝高士奇記略容齋五筆載瀛鄭二州塘濼之上有禽類鵜名信天緣色蒼而喙長立水際不動魚過其下則取之終日無魚亦不易地余先世菊磵公有感斯說牓其居曰信天巢因題詩云信天巢小僅容身中有圖書障俗塵不與世爭閒意氣且隨時養老精神破鐺安穩齊鐘鼎袒裼參差比搢紳渴飲三杯飢二飯主人食用未爲貧今春從幸畿南目覩此鳥類守拙安分之人信天之名良不誣也

宋高翥江居曉詠詩家住清江江上村江雲山影自平分幾回早起開門看不見青山見白雲又首夏江村詩漾漾池塘碧染衣陰陰草樹綠成圍江村寂寞春歸後一點楊花不見飛又冬日江村郎事詩江上凝冰約水痕門前殘

雪綴谿雲杖藜獨立梅梢月成就清寒到十分　國朝邵晉涵姚江櫂歌菊磵疏簝倚綠波巢痕猶指舊煙蘿杜鵑花發清明近齊唱江湖第一歌

世友堂在燭湖西北康熙志　雪齋孫不朋居燭湖上安貧樂道終身不願仕有古人之節三子應求應符應時皆以文學知名兄弟相愛卉衣草食薄厚必均應符之子祖祐崇緝先志嘉定甲戌爲新堂名曰世友合膳同室期永不替寶慶會稽續志

宋葉適詩雀尋屋角飛燕繞簾櫳窺共賀新宇就生物欣有依含德厚乃植義完嗟利嘆更悲別駕公櫝韞不盡施溫恭化羣從遜悌流深規一絲必同袍粒黍無異炊感零天上露潤浹園中葵魚蟹雖芳鮮不如此菜肥涼風送佳音桂林自生枝借子赤霄羽登君文石墀樸斵吁已勤礱密審所宜諒爲前峯近長耿客星垂

高風閣在客星山嚴子陵墓左嘉定十七年郡守汪綱建

乾隆志　五　一在縣廨
見學校志
宋樓鑰詩不從文叔作三公歸著羊裘大澤中石瀨釣臺非故地雲山江水自高風煙迷宿草古遺恨樹擁危樓新奏功仙馭飄飄疑不遠翩然獨鶴度寒空

姚山別業在四明姚巷孫子秀別業其蓮池久淤爲田禾苗之中雜生蓮葉探之未嘗有藕蓋數百年不絕也　四明山志
宋孫炳炎題元實弟姚山別業詩別業倚嶙峋幽居寓目新閒花繁覆砌靜燕語通人野翠生窗曉林香入戶春願因張老祝持以對芳晨　國朝全祖望詩早蓮本別種吾鄉更所希從無一枝藕雜然生夏畦豈有不根產長共黍離離孫郎舊池館妙香拂我衣邵晉涵姚江櫂歌四明采藥白雲深別後空勞遠夢尋荷葉本來無藕蒂憐夫那得有蓮心

耕寬堂在四明鄉梁衙孫常州嘉故居其石鼓猶存　康熙志
元戴表元耕寬堂賦孫常州既納印而歸築室於四明山之陽命之曰耕寬其說曰吾畸於人而完於天介於四而

通於獨與其盤旋蹙縮於勢穢之途數驚而多恐寧自放於耕無適而不自足焉且夫攣腰展髀野漫以爲禮吾得以寬吾四體行歌散囑多取而無辱吾得以寬吾耳目作止信期飢飽係時而不自爲吾得以寬吾心思豈與夫搖屑綱罟動足踏機駕載疾之車擁鼓誘之旃憧憧然猶疾馳而不止者比耶客戴某聞而歎曰先生寓言哉今夫千金之子居與人羣有徵稼守器而菽米不分冰耕露劚水種火耘彼服田者或愁乎勤嘻乎先生亦既裂千里土而君之何用躬耕畎畝貞若野八之云哉乃其風指則走竊聞之走與先生皆越產也而當官於吳楚繇所既知而不知者可以類舉彭蠡之豬震澤之區田其濱者饒於壤而蔬農其上者暇於力而漁故其君子則儼儼舒舒小人則雍雍于于茲非以寬歟越農則不然穴野而渠糞山而畬弓培寸墾歲無訕儲蓋用寬者不勞而常給處狹者愈急而無餘个先生封疆道德畦畛禮義播治羣籍蘊崇列藝豈弟閒望以爲嘉穀優游篤老以爲樂歲方欲發廩廥洽春秋邇無鄰之不卹遠無乏之不周者年勝客以燕以遊乃操南風乃歌自駒文孫愿息前持後扶嚴良日進迎猫虎也雅素時飭尊田祖也清傷和之水旱遠敗類之雀鼠若然者粢盛焉而神莫予吐廬藏焉而寇莫予侮不競不窶不莠厥土亦不穢子宇落墉牖戶以保百世之風雨抑走又閭之能勞者不居善施者如忘故自古仁賢之居位

其爲政也往往可以馴盜賊驅螟蝗必不得已窮居而野處猶能使貪夫吝客愧恥於其鄉嘻乎先生逍遥茲堂想見鄉幽閒風而遜畔交遊熏德而稱良人懷鄉里之訓家哦召南之章然後道路通惠穹祇降康門比申呂同大壽等松喬並長同視世俗區區視豚蹄之多獲夸鼠壤之餘糧何翅乎滄海之一粟泰山之毫芒哉於時農祥麗天東作胥動先生方請齋啟關徐行屏從有善斯言順風三誦先生聽之忻然以爲賢於張老之頌

方簧書山京故居在四明鄉（康熙志 案 在前方村）

史家步在南城西旱門宋處士史德所居因名（孫月峯先生集）

國朝邵家人詩流澤門前接上官史家步口郊帆竿畫師何用黃公望恰恰龍山對面看

元

岑安卿故里在栲栳山下（康熙志）王先生子英隱居上林鄉有栲峯岑君素以氣節相高每當月夕風晨必爲握手歙歔行遊湖山間或臨流飲酒或登高賦詩有覽塵之思焉

九靈山
房集
岑安卿隱居寄興詩田園日蕪穢衰邁不自治童僕肆疏
懶子孫習嬉嬉良苗雜根莠瓜瓞纏蒺藜草深狐兔聚水
積蛙蚓滋念茲每獨往邀焉起遐思世事亦如此重令我
心悲又隱居灌畦詩灌畦起清晨汲水甘自勞微露溼裳
履涼風吹鬢毛緬懷漢陰叟東陵亦其曹顧予何為者佚
豫敢自驕日午獲偃息讀書志彌高年饑見秔稻萬民免
煎熬寄迹天壤開于焉遂逍遙　國朝陳章弔岑安卿詩
抱甕惟希漢陰叟荷鋤常伴歷山農九臺詩句吟成後雲
散門前栲栳峯　邵晉涵姚江櫂歌不見詩人岑靜能
空山瘦石尙岐嶒迴舟栲栳峯頭路明月三分雁一繩
觀錦軒在梅川天香里　案宋胡祭自柏山徙居梅川太常
少卿孫子秀題其居曰天香書院
因名其里　游山志　明宋僖觀錦
日天香里　白石樵者胡秉義所居　軒記梅川胡氏蓮道扁
其燕居之室曰觀錦余嘗詰其所謂觀錦者則曰昔野人
售吾以錦雞吾得之籠之軒下每朝日晴絢則雞有錦綬
於嗉頸之閒粲然成文迫而視之無有也取而索之嗉頸
之閒益無有也吾由是而有感焉遂取以名其軒子能為
文以記之乎余因三歎以復於君曰可謂善於觀物原達
事變庶幾其可以語道者也嗟乎子女玉帛華藻流麗何

莫非雜之錦綬也世之人視之爲實有而必欲得之惑也既得之則視爲已有而惟恐失之惑也嗟乎驪山阿房長楊五柞自今觀之何莫非一時之錦綬也况乎君之所處一州一邑之下一鄉一井之微跨之棟宇之翬飛耀眼目之鮮麗昔而有得傳聞者直幾何人而今安在哉得非雜之錦綬者乎今而有得目睹者復幾何人又孰知其爲是雜之錦綬乎君其適情軒楹之間游心天地之外以見萬物品彙之繁舉無足以累我此心之清而我之有此心充然湛然有得於觀感顏子簞瓢陋巷之樂子路衣敝縕袍之情藹然之下不亦善乎君乃喟然以謝曰此吾之志君宜誌之遂書之以爲記又詩云胡然家錦雜何處來小軒花下爲渠開日中錦綬自能吐世上金刀誰解裁富貴還鄉同一夢虛無過眼已千迴主人閲世今頭白鶴髮時時坐綠苔

舜江樓在縣署譙門之南嘉靖志刪詳城池

嘉樹軒在梅川鄉匡山楊璲故居也方輿路程考略

明朱善夜宿楊氏嘉樹軒詩前月城南連夜宿今宵水北對花眠梅天未食楊家果夜雨都耕舜水田惡客不來成好夢丈兵已過定豐年酒醒得句呼燈燭一丈紅葵在榻前又二月十六日過楊氏嘉樹軒訪三山岑宗昭詩嘉樹

軒中久不來新年窗戶爲誰開生還再見三山客老去同觀二月梅天際相思曾聽雨花前一笑爲銜杯清河誰覓漁郎櫂醉後愁吟坐石苔又三月一日過楊氏嘉樹軒與岑宗昭王起東楊生宗權對酒郎用前韻再賦半月春風兩度來楊家兄弟酒尊開西軒已爲吟嘉樹東閣那堪見落梅此去綠陰還在眼寧貪清晝更傳杯吾曹相過多深意門徑無令長綠苔又四月二十九日過楊氏嘉樹軒見紅葵盛開賦絕句一首窗外花開一丈紅南風搖動綠陰中傾陽心曲何人見雨打梅花白髮翁

楊學正瑛故居在陳山康熙志

元戴良訪楊季常於陳山詩爲憶幽人八十餘片帆來訪水南居已知楊子門多酒誰信馮驩食有魚一代定歸名士傳百篇眞授伏生書前朝人物今無幾獵罷猶堪載後車

後清漁舍在後清門外楊瑀隱居康熙志案後清乾隆志作候青

明宋僖訪楊灌園後清漁舍詩梅天疏雨灑斜暉水北平田白鷺飛飲酒偶同諸老醉吟詩相伴一僧歸茅堂會合知誰好蓮社交情更覺稀暝色苦催花底散南鄰留客意難違又五月十日楊灌園留飲後清漁舍長懷載酒望君

來夢裏寒花一夜開識字可期天祿閣吐辭何望廣平梅田園歸處松三徑詩賦生涯酒一杯白水追從頻有約今朝又爲掃蒼苔　國朝邵晉涵姚江櫂歌無負喬松百尺柯後清漁舍更誰過生涯不用矜詞賦一曲滄浪自放歌

看雲樓在梅川天香里胡維聰憶弟維博故名嶀山志

明宋僖看雲樓詩高樓海上看雲飛有弟仙遊竟不歸夜雨雞鳴曾共被秋天雁過爲沾衣杜陵生別情何異康樂清吟夢不違還勝思親太行客朝朝綵服在庭闈

秦湖隱居在石堰秦湖戴九靈流寓康熙志

戴良秦湖隱居詩西浙風光不及前攜家避地到秦川雲山每憶嚴公釣月夜時迴賀老船門巷邊衢塵似海樓臺近水影浮天旁人莫問心中事洗滌除非是酒泉又秦湖漁隱爲袁桂芳賦履運已成昔名湖尚說秦避時端有意把釣可無人若士居姚水遺風似舜民地雖占越土境實慕河濱已忝歸漁業何言託隱淪月浮孤艇夜雨著短蓑春泊渚多依藻窺汀或傍筠羽沈疑中餌絲動訝拖鱗蝎澤知難脫殃池數已屯競多聲失厲得雋語忘嗔獺怨訴求盡龍嫌蕩漾頻腥風連巷陌穢浪接沙塵水際呼兒急牆頭換酒新謳歌便野習嗜好任天眞行媿狂歌客名傳

放逐臣家臨煙浦近門對雪鷗馴釣渭心徒苦與周迹已
陳子陵辭漢日賀老别唐辰事業今如是棲遲固足珍青
雲八既遠白首我還親衰謝無知己飄零偶問津但期蓮
郡邑豈料結比鄰東主方懸榻西風且釣緡扁舟如可具
同老此湖濤　明宋僖邵氏秦湖隱居詩秦湖隱居邵平
孫舊日生涯不復論垂釣花開親白鳥種瓜海上似青門
還知教子書千卷不願封侯酒一尊蓴菜鱸魚秋更好扁
舟何處覓桃源　國朝邵晉涵姚江櫂歌滄江剩水一灣
通千里殘山夕照中記得九
靈揮淚後汀洲楊柳露濛濛

雩詠亭在祕圖湖北元越帥劉仁本建康熙志

劉仁本敘東晉山陰蘭亭之會蔚然文物衣冠之盛儀表
後世使人景慕不忘也當時在會者瑯琊王友謝安而下
凡四十二人臨流觴詠從容文字之娛而王右軍墨蹟傳
譽無盡豈有異哉蓋寓形宇內即其平居有自然之樂者
天理流行人與物共而各得其所也昔曾點遊聖門胸次
直與天地萬物上下同流故其言志以暮春春服既成童
冠浴沂舞雩詠歸有聖人氣象仲尼與之垂八百年而有
晉之風流蓋本諸此自是而莫繼焉後唐宋雖爲會於曲
江卒皆矜麗務爲遊觀曾不足以語此者余有是志久矣
適以至正庚子春治師會稽之餘姚州與山陰鄰壤望故

迹之邪墟而重爲慨歎於是相龍山之左麓州署之後山
得神禹祕圖之處水出巖罅瀦爲方沼疏爲流泉卉木叢
茂之行列紫薇間以篁竹彷彿乎蘭亭景狀因作雩詠亭以
表之維時天氣清淑東風扇和日景明麗實三月初吉也
合甌越來會之士或以官爲居或以兵而成與夫避地而
僑暨遊方之外者若樞密都事謝理元帥方永鄒陽朱右
天台僧白雲以下得四十二人同修禊事焉著單裕之衣
浮羽觴於曲水或飲或酢或詠或歌倘徉容與咸適性情
之正而無舍已爲人之意仍按圖取晉人所詠詩率兩篇
若闕一而不足者若二篇皆不就者第各占其次補之總
若干首目曰續蘭亭會殊有得也嗟乎自永和至今上下
宇宙閒千有八載遺風絶響而今得與士友俯仰盤桓追
陳迹修墜典講俎豆於干戈之際察鳶魚於天淵之表樂
且衍術夫豈偶然也是雖未能繼志胥點然視晉人則亦
庶幾已矣獨未知後之人又能有感於斯否乎會人請紀
以冠詩端而諸姓名則各因詩以附見如左　劉仁本補
參軍劉密俯仰宇宙睠茲山川欣欣卉木泠泠流泉豈伊
獨樂尚友千年飛觴揖詠萬化陶然又陽春沐膏澤草木
生微暄靈圖發幽祕感此禹迹存衣冠繼芳集臨流引清
樽性情聊自適理亂復奚言　都事謝理補侍郎謝瑰瞻
彼阿邪神禹祕之茂蔭嘉樹清泛芳池臨流引觴衎衎以
嬉俯仰千古逝者如斯又春溫散晴旭灌木浮嘉陰良辰

事修禊我友欣盍簪方池沘清流可以濯煩襟一觴復一詠暢情忘古今

鄉貢進士趙俶補參軍孔熾青陽既般以遨以遊采蘭崇阿濯纓芳流翰藻載詠羽觴載浮潔我禊事於以寫憂又暄風播廣宇欣懷託陽春盥祓寄幽暢虛襟遺世塵擷芳遵耶阿接盃沿淵濱詠歸何逍遙遐哉仰斯人

天台僧悅白雲補任城呂系疇昔有懷陰雨騎霄兀爾居室忽焉終朝際此晴燠散谿林郊潛鱗泳波遊羽鳴條又崇阿撫神祕微風扇和湝靈雨既云沐品彙區以陳蘭茗濯中沚葩萼媚芳晨散懷得眞契引觴答熙春

前蕭山主簿朱右補餘杭令謝滕陟彼崇阿遊目遙岑川雲凌岫林木蔽陰喈喈黃鳥懷之好音亦有良朋載嘯載吟又息徒坐蘭渚臨流濯清泉光風被林薄春服麗以鮮持觴撫流景鳶魚樂天淵俯仰同一慨弱毫從所宜

前師府都事王霖補王獻之濡彼源泉其流泱泱誰其逶之以詠以觴酌此春酒以祓不祥又華髮宴餘春微風祐雲散蘭皋野氣芳桐岡日初旦羣賢集崇耶臨流水光渙酌酒清湍曲俯泉慨長歎

蕭山教諭朱綱補府功曹勞夷俯挹清流遙睇崇嶺子焉遊盤寄興遐永放同觀濠高企臨潁泠風徐來惕焉深省又叢木翳林薄搆亭俯淵濱旭日散晴采光風媚芳春臨流汎輕觴於以樂嘉賓詠歌意自適酣暢趣益眞茲遊敦所尚庶足酬令辰

四明沙門僧阜補任城呂本遲遲春陽藹藹蘭茗樂爾嘉賓以宴

以邀靜觀物化散懷逍遙一觴一詠庶永今朝又禊飲祕圖湖天氣淑且柔傳觴際曲渚濯纓臨芳洲織條亂風樹幽葩落晴溝眾賓亦樂止忘彼塵世憂

前平江儒學正徐昭文補府主簿后綿柔風扇和百卉具芳攜我良儔憩於崇岡怡情詠歌激水泛觴俯仰宇內聊以徜徉又茲辰天氣佳駕言寫我憂衣冠盛良會祓禊俯長流川容澹疏雨樹色翳崇耶清風接千載復此逍遙遊

祕圖隱者鄭彝補山陰虞谷興懷古先仰觀元造尼歎逝川平念芳草莫春維和爰舒幽抱皎焉白駒嚶其黃鳥又夙駕税幽麓泛醴循流瀾芳蕤被巖瀨葩萼耀林端靡靡時運邁斯焉撫嶒岏主欣遠賓集陶然有餘歡

前嘉興路經歷張溥補鎮國大將軍掾下邁藹藹雲岡溶溶春水集我朋儔撥茲蘭芷千載同流爽猶芳軌美哉良會衎樂無已又茲辰暮春初散策臨泉石清渠引微波浮觴薄前席伊人去已遠占今同一適眺茲修禊地遙岑淡空碧

東山僧福報補彭城曹謹晴雲冉冉幽草茸茸羣賢戾止衎樂攸同芳葩汎灩翔羽迴風亦有旨酒聊以從容又柔條扇微風輕波瀁清旭羣彥此委蛇鳴珮集中谷列席依巖迴飛觴隨水曲緬懷古先哲庶以繼遐躅

乾隆志案續蘭亭會選是詩者皆稱其有晉人遺韻康志剷去其詩幾使名言零落矣今碑石漸泐錄其詩以存掌故

梅花屋諸暨王冕隱居餘姚九里山種梅千樹自題爲梅花屋乾隆通志引弘治府志　乾隆志案朱彝尊史館擬傳王冕隱會稽之九里山疑通志有誤然通志實本於弘治府志其時去冕未遠當有所據今補錄於此

石田山房在四明祠宇觀旁元道士毛永貞所築其下磈碨嵬嵬衡亙從合畦町萬狀無非石也菖蒲河車芝草蒼耳隨采而足故曰石田同時薛毅夫樂其幽勝亦同隱焉乾隆志引舊省志

元劉履詩嵯峨赤水山縹緲神仙宅高哉劉與樊超然遊八極一去何寥寥千載遺靈跡中有臥雲人冥棲鍊精魄幽林拾靑檽寒泉煮白石致身蕭爽閒邈與世塵隔我來一見之傾倒如夙昔松花釀爲酒持以苦留客　張雨詩攜劍住丹山淩風袂雨翻空壇遺寂寞飛瀑瀉潺湲供薄難爲客山深不閉關大蘭千仞頂有日遇劉樊　黃溍贈石田鍊師詩石田外史丹山住如此溪山得此人高詠久無皮襲美淸風復見謝遺塵門前飛瀑長翻雪洞口幽花

淺駐春老我京華歸訪隱抱琴安得日相親　留若沖詩
道人住居白水洞洞口有田供鑿耕鑠鉏不用辛苦少玉
石自分烹鍊精拾薪澗底各共煮化羊嶺上仙俱成夜深
無扃扃明月到坐聽九霄笙鶴聲　楊維楨題丹山詩四明
山二百八十青孱顏天空四牖金雅玉蟾兩出沒是爲三
十六洞之九別有丹山赤水非人間我夢仙人賀狂客云
訪雲翹子孤峰絕頂登大蘭下見洪濤滚日車輪大虹光
蜃影雜沓翻瀰漫上有桃花美人者液鳳髓脯龍肝令我
食之生羽翰路逢毛先生一笑今與古赤玉之舄墮地化
爲石我一叱之力厭虎潮飛大士洞水門風折祖龍橋石
柱赤玉之舄何足追下窮地脈上天維鐵船徑渡弱水羽
火劍欲斫扶桑枝毛先生毛仙後千春曾醉廬山酒酒醒
騎虎卻入終南山笑呼彩鸞下招手石田玉子大如斗
薛毅夫詩數畝依山宅一區喜存磽确膀膏腴近因辟穀
懷黃石也復耕煙種白榆玉氣潤多山水秀松雲
飄盡鶴巢孤會當脫屣從師去乞取青標顆顆珠
橘亭蘇伯衡橘亭對云越士陸孟文家於姚江之上歷山
之下治圃蒔橘構亭　乾隆通志
蒼雲軒在嚴公山子陵裔所居　案乾隆志嚴公山下錄戴良詩今據補軒不知創建

何時以始見戴詩故附於元志作蒼雲堂今據九靈山房集正

元戴良題嚴氏蒼雲軒詩茂植行鬱條澄源無濁流若人嗣芳躅撫境懷令猷蒼蒼亂山出翳翳族雲浮何言姚江仕不似嚴灘遊雨耕循近墅煙釣溥遙洲晨出戶庭靜夕息軒窗幽第嫌古今迹永閒東西州悽悽百世心眷眷千里眸在家子悵惘遐迹我夷猶忽覩述祖作祗重越鄉憂

明

修文里在南城東街宋僖故里洪武初宋濂薦召修元史因名其里曰修文姚江小志

考古臺在鳳亭鄉馮村趙謙讀書處續名勝錄

靜志居詩話高皇撰正韻天子考文諸臣順命古則於六書之學最精焉肯盡棄其學而順帝之則其歸也必以議論不合見擯不在年少也既歸築考古臺述聲音文字通賦詩曰文字聲音歎久訛十年辛苦事研磨誰云沈約知音甚未許楊雄識字多魚魯從今堪辨析鼎彝自昔費摩挲總憐朋舊微鍾子歸臥雲山掩薜蘿當知臺名考古心

非正韻
爲久矣
萬書閣在雙雁鄉鴟山亦趙謙讀書處姚江小志
國朝邵家人詩指點萬書閣曉嵐正撲八聲音協文字造
化見經綸三友竹梅在諸銘几席陳荒臺懸片月想像岸
烏巾
養志堂在梅川天香里胡維彥同弟斯恭斯及斯順斯復
事母方氏得母之志築堂額曰養志宋僖爲之序滸山志
宋徵君宅在第四門沙埭元提舉宋垚叟故宅子孫累被
徵召棠應洪武徵孟徵緒並應永樂徵東山志
祭忠臺在龍泉山正統閒宦官王振用事翰林侍講劉球
疏劾之死詔獄邑人成器義而哀之率同志割雞釃酒登
山祭之因名其陳俎之石曰祭忠臺嘉靖志臺即絕頂巖石

也石旁刻三大字爲王新建守仁書萬歷府志　案東山志孫月峰府志載成器率同志數人嘗欲考其姓氏後於先太傅胡氏世德錄序得胡伯常又見太傅胡悅墓誌云伯常感激爲文登龍山祭焉威編修瀾伯常傳云伯常爲文與成器祭之始知文亦出伯常之手而祭則器爲之領袖云今錄祭忠文仍舊題屬成附著其說存參

成器祭忠文於乎先生龍逢爲友兮比干爲心紓忠竭智兮日月照臨慨前代任閹豎之失德痛當今復因循而蹈襲伏闕抗疏太息掩泣帝曰汝嘉實感睿衷惟彼羣姦切齒相從幽之錦衣肆其鞫凶龍逢蒙禍兮比干葅醢雲霏霏其承宇兮天高高而莫余宰顧齎粉之是甘兮羌時事之可慨予會稽之後生兮頗忠義之是懷鑒往事猶感慨兮賜一日而九迴側聞先生之死兮又奚啻乎七哀叩帝閽其無路兮徒煩冤而隕涕歌楚些而招魂兮弔汨羅以爲計於是割雞釃酒望風奠祭懼蘘於家登彼龍山崖石齒齒兮竹松閒閒去天日其咫尺兮將英魂之可攀荼載拜以長慟兮跽斂衽以陳告惟蹇蹇以自完兮得死所其奚悼顧棄德而崇姦兮尾日大而不能掉彼閹豎其何誅兮痛廟堂之具臣曷其不撲滅於早兮禍滔天而無津乃首鼠以自保兮獨先生之奮身使舉朝皆抗抳兮何猖狂

之餘腐也嗟剛正而無應兮適以快其怒也砥砥柱於洪流兮聊以示此度也視嬋娟之輩流兮直驚鴻與脫兔也生無益於時兮富且貴其何數也吁嗟先生之死兮實知名於孺婦也器謹志以法像兮中心好而非浮慕也或緣此以賈禍兮吾不惕以改其素也　明倪宗正詩滄江落日祭忠臺動地風雲鬱未開忠節重爲天下惜英魂疑向朔方來玉堂茅屋心相許白鶴青猿調轉哀片石嵯峨倚峯頂野僧時上掃莓苔　國朝謝廷賓詩當年忠愍慘圖屏窮海椒漿哭布衣血淚要爲天下灑壯懷寧惜此身微文留正氣垂千古臺倚荒山滿落暉同志數人今半佚臨風重爲一歔欷　陳梓詩祭忠臺颯颯風雨來恍聞義士聲哀哀西臺一慟此再哭敲斷當年如意竹如意竹不如意嗟哉千古此成器成何器忠與義　倪繼祖次父宗正韻未堪多病獨登臺星眼朦朧帶霧開渺渺孤魂何處去沈沈怨氣朔方來環青江上無非淚抱憾胸中剩有哀尊酒隻雞成底事祇餘巖石護蒼苔

毛忠襄宅在毛村康熙志

謝太傅宅在萬安橋前爲柱國坊堂曰葆光葆光之後曰頤益左曰壽春右曰怡秋頤益之後有保譽樓皆取綸言

爲名東山志

牛屯山莊銀杏山莊在東山皆謝文正遷別墅續名勝錄參東山志

明胡東皋記略太傅謝公夙具嚴壑之概初由中祕省覲南還卽構故居爲牛屯山莊及以宰輔致仕復構銀杏山莊爲頤老之所竹籬茅舍與老農爲伍然湖光山翠拭目盪胸當與公之清德輝映宇宙矣

謝遷早過山莊詩侵晨理故櫂山居將避喧好風忽南來吹我烏帽偏宿鷺未移渚落月猶在山候門兩稚子問吾何時還高山與流水此意向誰言又山莊夜坐詩老天還我舊煙霞信道吾生自有涯佳客不來頻掃榻好山難致卽移家牛山細雨千竿竹十畝晴雲五色瓜月滿平湖天共遠擬乘清興泛仙槎

雪湖山莊馮憲副蘭自督學江右歸重拓桃花莊自題雪湖別墅其詩曰鏡裏流年從老去山中舊業得生還卽指此也傍巖結宇松陰滿庭故有松間老石如屏障屋裏青山當畫圖之句逾嶺而東卽廣教寺墅之西卽雪湖亦名

千金湖東山志

馮蘭木齋過訪雪湖山莊有作奉柬詩軒東忽過野堂開草草春筵盡此盃花惹蟲絲垂碧落鶴翻松粉灑蒼苔開情自與煙霞契短鬢從教歲月催公在山南吾山北不妨健步歷崔巍又喜木齋南山諸公有過山莊之約詩景入湖天第幾峯草堂著我笑疏慵雲邊短策看移藥雨後長鐖學種松野老春盤惟筍蕨海城燈市自歌鐘山深喜有諸公到潦倒猶能杖履從　謝遝和雪湖山莊有懷詩探春擬上最高峯數日春寒意尚慵陰壑流澌餘舊雪溼雲將影落疏松人閒元夕譁鐙市天外新晴報寺鐘選勝尋芳頻有約吟鞭到處願追從

宮保第在南城酴醾衖以史琳贈太子少保故名

國朝邵家人詩執法星官降自天左規右矩仰當年手揮萬幅琅玕墨惟向西涯集裏傳自注史都御史琳喜談兵推步占候靡不通涉弘治末熒惑犯執法公曰必有當之者已而戴公珊卒公曰未也不逾月公亦卒嘗製二屏遺子泉司鸞題曰左規右矩善畫竹李西涯詩句餘拙翁善墨竹

瑞雲樓在龍泉山北王文成所生處也父華未第時嘗居

是樓一夕夢雲中鼓樂幢蓋送一小兒來遂誕公因名其行曰雲一其樓曰瑞雲湛文簡若水爲之記乾隆志引萬歷志

明錢德洪記瑞雲樓者吾師陽明先生降辰之地也樓居餘姚龍山之北麓海日公微時嘗僦諸莫氏以居其父竹軒公與母太夫人岑海日公夫人鄭姙先生既彌十四月岑夜夢五色雲中見神人緋袍玉帶鼓吹導前抱一兒授岑曰與爾爲子岑辭曰吾已有子吾媳婦事吾孝願得佳兒爲孫神人許之忽聞號聲驚悟起視中庭耳中金鼓聲隱隱歸空猶如夢中蓋成化壬辰九月三十日亥時也竹軒公異之即以雲命名後先生五歲尚未言有道士至其家戒竹軒曰天機不可洩竹軒覺之乃更先生名自是諱言夢矣先生一日忽誦竹軒公所讀過書公驚問之曰聞公讀時口雖不能言已先默記矣及先生貴鄉人指其樓曰瑞雲樓他日公既得第先子復僦諸莫氏居焉弘治丙辰某亦生於此樓及某登進士樓遂屬諸先子先師之生協諸夢天降至人誠非偶然某不肖辱登先師之門而生也又辱與諸樓今幸遺址尚存恐後世失所稽證使先生弧矢之地泯焉無聞是不可以無記敢敘述遺事謀諸左右使行道之人過茲地者指之曰此先生平鄉陬邑也庶其有睹宮牆而興思者矣蓋亦公之餘教也

中天閣在龍泉山取方干中天氣爽星河近之句王文成講學於此康熙志王守仁書中天閣勉諸生云雖有天下易生之物一日暴之十日寒之未有能生者也承諸君之不鄙每余來歸咸集於此以問學爲事甚盛意也然而不能旬日之留而旬日之間又不過三四會一別之後輒復離羣索居不相見者動經年歲然則豈惟十日之寒而已乎若是而求萌蘖之暢茂條達不可得矣故余切望諸君勿以余之去留爲聚散或五六日八九日雖有俗事相妨亦須破冗一會於此務在誘掖獎勸砥礪切磋使道德仁義之規日親日近則勢利紛華之染亦日遠日疏所謂相觀而善百工居肆以成其事者也相會之時尤須虛心遜志相親相敬大抵朋友之交以相下爲益或議論未合要從容涵育相感以誠不得動氣求勝長傲遂非務在默而成之不言而信其或矜己之長攻人之短麤心浮氣嬌以沽名訐以爲直挾勝心而行之憤嫉以圮族敗羣爲志則雖日講時習於此亦無益矣諸君念之念之

孫忠烈故里在燭溪湖東北一里許地名孫家境康熙志

國朝翁忠錫孫境晚歸詩行盡湖山夕照西輿夫心急步高低回看樹際炊煙起知有人家在隔溪

雞鳴山莊在東山鄉雞鳴山南麓謝方伯迪之別墅亭臺布置花木清幽俗名花莊正德初以職方忤瑾歸賓從游宴多在於此東山志

留園侍郎謝丕別墅在九龍山續名勝錄徐九皋曰公郎汝湖勝處葺東巖闢留園爲逸老所盤桓其間自號留園逸叟乾隆志引謝敏行東山志

謝丕山亭詩此日山中僅此家孤亭長與伴梅花美人只隔西江水獨倚斜陽數暮鴉

清暉佳氣樓在武勝門內倪宗正故居乾隆志案原奪佳氣二字今據小野集補正

倪宗正清暉佳氣樓記陶靖節詩云山氣日夕佳謝康樂詩云山水含清暉予乃摘其詞扁樓曰清暉佳氣夫朝爲清暉暮爲佳氣一也蓋天下名山水皆靈之所鍾清暉佳氣往往溢於兩間我姚龍山近自豊山延蔓而結於雁山融蟠羣嶂之中其水東入海門凡幾轉會於咸池至雁山二江分流夾龍山而西也山水之靈與天下

爭勝予嘗登樓觀之非嵐非霧非煙非霞淸暉佳氣超於形象聲色之表聖人有同天地於此必有契焉曾點莫春之詠周子庭草不除程子傍花隨柳豈流連光景者耶是故可以超八極旋萬機育羣有而與造化爲徒夫天下山水固有坐而得者區區蹦峻探幽泛洪淩猛亦何爲哉陶謝一代人豪所云吟嘯閒爾以陶樂天知命或幾於程周曾點謝不足道也然忘言以會意寄言以會道陶謝之所同也予自歸田習懶反眞遂狂頓悟登樓之際淸暉佳氣接目怡心劃然自明不可言喻似窺程周以上之境陶謝吟嘯之旨亦因之而釋然矣遂述以記

謝遷詩隂翳氣塞風狂舞屋煤吹落皆塵土逆豎含沙射搢紳一時正士胥解組吁嗟天王本聖明六章入奏心獨苦批鱗受杖幾身危血染䍴䍳毛蔽股慷慨歸來義自高築室淸暉屏華膴花光月色映樓臺玉枕冰壺耀今古琉璃屏外走明珠老木當場何足數多君妙手更天成一筆新詩動九五海內喧傳解愠功不特忠貞堪繩武琥珀杯淸墨汁濃爛醉揮毫驚李杜光芒萬丈斗牛寒淸暉佳氣接天府　馮蘭詩百尺高樓尺五天昂頭直撞斗牛邊帶經鉏落三更月仗劍沖開萬里煙千頃波涵黃叔度一團骨勝柳公權南薰賜扇蒙恩渥酷吏淸風句獨傳　王守仁詩經鉏世澤著南州地接蓬萊近斗牛意氣元龍高百尺文章司馬壯千秋先幾入奏功名盛未老投簪物望優

三十年來同出處
清暉樓對瑞雲樓

小野亭在武勝門內亦倪宗正建倪宗正小野亭記予素不習禮以墮於野號小野冀以自克也乃遂而不返故歷官中外凡衣冠禮樂之會朝參趨伺之期謁訪往來之節皆非所堪尤之者曰慢也非之者曰鄙也惜之者曰廢也高之者曰玩也與之者曰眞也予則莫知所居也解官屋之西有野一區竚望則長天之末峯巒列峙斜陽之外煙雲幻聚於是立亭以蓋竚望之所其前則斷城荒冢污田涸浦禿樹疎籬閒花雜草莽然野景景與人似遂名曰小野亭今年幾耳順衰病相値髮不勝笄危冠則欹足跛以曳矩步則躓齒落而豁語音乖錯筋骸弛束威儀茀淑頹然一野翁矣乃學卻病延生之術息交遊絕登泛薄滋味希希夷夷坦坦徐徐何思何慮誰毀誰譽安命脩短與化盈虛不爲子孫之計而朝夕是圖不僭鄉相之遠憂而水旱爲虞寧屈淮陰之少年而不知其才足以定霸寧避灞陵之邏尉而不知其勇足以讋匈奴權而不夸時而不趨以拙養拙以愚養愚不知咎人惟知知咎予握粟足飽不求盈餘一枝以安不必廣居撫弄不絃之琴高枕無字之書惟日問壺中之有無較枰上之贏輸矢口嘲弄信手抹塗放情肆志聊以自娛仰邀羲皇以上廣漠大野中人與之爲徒也乃坐於亭又

不覺悝怳而長吁但見沄沄爲沼疄疄爲畦岡隆而爽徑平而紆枚日以茂苞日以舒一歲成果一季成蔬野而不野而予之野將不辱於野乎雖然榮枯者草木之常也興廢者苑囿之常也所謂化而爲煨燼變而爲荊棘非予之所及知也後之人過而指曰此小野之野也孰得而有諸

授經堂在龍泉山北正德間朱古巖同芳治禮守齋同蓁治書伯仲並魁鄉榜學有淵源時王文成講學授徒剖二經之旨奧必以兩先生爲專門朝夕每相訂正故題其館曰授經堂翁大立朱氏譜序

陳參政故宅在南城儒學西陳塏卜宅於此屋側有方池即向家池姚江小志

笑齋在東南隅南河龔侍郎輝居龔村其笑齋在南河常與楊侍郎大章爲可常會姚江事蹟

國朝邵家人詩龔公白髮好風懷遠至南河啟笑齋社日可常諸老集尚留破壁挂詩牌

陳光祿園在南城巽水門內陳煥自按察江西入爲光祿寺卿家有花園今呼花園橋園中八景皆以愚名姚江事蹟

國朝邵家人詩光祿勳園久已無小橋今日尚相呼知公偶仿河東意八景分題號八愚

菁江釣舍趙端肅錦隱居在菁江渡郵舍之側續名勝錄乾隆志引續今文選張佳胤記略曰鱗陽趙公以日食建言具陳相嵩姦利狀下獄瀕於死者數矣既免歸授徒自給暇則垂釣菁江煙蓑雨笠若將終身焉

瑞日樓在南城西南隅呂文安母楊方孕夢日卓午赤光四表既寤名其樓曰瑞日文安又有宰輔第上公舊閭寶綸樓玉蘭堂皆在南城西南隅故蹟具存呂氏家乘參姚江事蹟

國朝邵家人詩均徭均賦士民謳滿院紅光四百秋王子夢雲公夢日江南江北兩高樓五色曈曈曉日懸寶綸樓

下牡丹天賜書冷落今尤遠獨見靈光尚巋然自注寶綸今呼御書樓又詩玉蘭堂宇儆室虛不見璚英獻歲初臘有文孫揮醉筆百年重表上公閭自注文安愛玉蘭幽潔因以名堂上公舊閭慕庵老人世琦書相傳老人善飲

衆樂園樂志園並大學士呂本別墅一在江北一在江南

續名勝志　案衆樂園乾隆志誤作獨樂園　明顔鯨記略嘉靖乙丑先生築衆樂園於江北之西郊因推司馬端明以獨樂名園而反之曰衆樂堂曰樂賢樓曰豐樂軒曰後樂而自爲之記萬歷三年丙戌先生七十一歲嗣孫祠部元以衆樂園在江北先生欲往未免涉江乃於新城內復創一園名曰樂志而奉先生日往遊之園距宅數百武即曳履可至其園倚龍山爲背而三面水環門東向躡橋入以九迴爲徑曲軒曰作憩轉折而入屏翠襲人園內山池縈繞多珍禽異木而涵碧堂據其勝有軒跨池上曰垂綸東西山徑俱可入如青玉之竅奇孔百出而四亭踞之曰瞻雲曰珥日曰搴英曰寄傲亭各有製俱得一隅之趣遊人至者往往若迷又拾級而上登山島則江山雲樹歷歷如畫姚邑之勝可擬睇而盡也園南一軒在池畔曰企仁紅渠綠篠清媚可人而涵碧堂後有悠然閣甚閎麗上多藏圖史異書古玩鮮得窺者由閣而西稍北有別館曰臥雲更清閟乃祠部栖息之所似與塵世隔矣

呂本夏日雨後往眾樂園詩索居屏垢氛結意貴無我眾樂肇名園衡門敞不鎖大道達東西曲徑分右左地邇遊豈疎節換景皆可況茲霖雨後清涼卻炎火欣然遂孤往長風駕單舸山林棄市塵簡易謝鬼瑣避喧兼養痾灌花較勤惰倚杖看雲生讀經據石坐萬籟洽幽襟偃仰得安妥每有鄰僧來啜茗談因果悠悠澹忘歸不覺日西墮

僧等安呂氏園詩荒池壅閉石橫堆舊是和羹醉酒臺金馬諸公倘重問祇今惟有菜花開

陳恭介書樓在干瀆村公歸田無椽舍借僧樓讀書嘗欲刪定諸史未就而卒漸水舊聞　明文授讀孫鑛曰陳公有年巡撫江西罷歸故廬燬於火乃市一故樓搆之居室家而身寓羅巖寺中及掌吏部致仕出都止書一篋衣一笥冠紳二事見者莫不歎息好事者至欲繪為圖歸仍寓羅巖寺中讀書自娛敝冠澣衣不問者不知為吏部尚書也

翁尚書故第在北城東門外方井頭翁大立所居姚江小志

東山別業在東山鄉沙堰諸理齋變自十堡徙此拓其後為書舍面山而軒唐殿撰小漁曰先生讀書東山別業文

思所至輒繞溪疾行一日興致勃發入深山數十里竟迷歸路東山志

白雲茅舍在厲家園羅懷風先儒仲素九世孫父長史大臨卒葬厲家園結茅墓側三年有白雲繚繞冢旁有司贈額曰白雲茅舍三祠傳輯　案厲家園在鳳亭鄉石壁嶴內地近淸隱庵基址

松篁小隖在今山胡瀚讀書處瀚初事陽明後自崇明教諭歸家居三十年築室署曰松篁小隖坐臥其中觀喜怒哀樂氣象東山志

虹橋小學在南城倉前昔有河泊所二其一無考一在治南二百步洪武十四年置嘉靖九年罷知縣顧存仁改爲虹橋小學韓修撰佃居之姚江事蹟

國朝邵家八詩忠獻祠前霽色開濛濛返景照城隈不知河泊留遺所曾闢虹橋小學來

月山舊廬在燭湖兵部尚書孫鑛讀書處孫氏世乘呂允昌曰公爲文恪第四子文恪葬邑東月山濱於燭湖之野公獨棲墓側耽味羣書學日閎博及爲太常少卿丁母憂哀毀茹素棲息於月山舊廬者七年海內稱公爲月峯先生蓋以此也

孫文恭故宅在邑城西北隅公以宰輔歸里師李文靖遺意粗具堂構其孫嘉績守故居無所增飾惟於屋旁闢地數弓雜蒔花木後嘉績死海外舊地燬於兵火乾隆志引蜀山紀聞

寶花別墅在右達門西王業浩所居業浩平廣東九連石窟山寇崇禎十五年上憶公功贈宮保賜謚忠貞姚江事蹟

國朝邵家八詩新建行師本世家剿平山寨九連斜西風吹斷奇章石下馬何人問寶花

天香東墅在梅川天香里廣東僉事胡翊故居滸山志胡翊天香

東墅記桂陵主人世居梅川之天香里去東南百步而遙有地曰東墅野可四畝地高尺許周遭皆平田東衢西港北漕南山四無比鄰迴然塵表不遠於家亦不邇於家其別墅之佳者始先考方岡公授業主人得漕南之田然而未始有墅也後數年漸售而得之乃種竹其外樹蔬其中既而新竹成籬雜蔬成圃主人或食而往或歸而食悄然出入而人不知然而未始有居也又數年而構屋數楹可可臥主人晨而往暮而歸或就而食或留而宿大較一日之閒處家之時少過墅之日多且讀且耕若將終身焉癸卯叨第後值倭夷之變家燬於火東墅之居幸而獲存然而驗不可居也不得已而仕仕六年而歸歸則復營廳事於前爲保業堂堂成而墅益勝亦寬然可得而家矣是時主人雖日不暇給而意常有在時而觀稼循河而北一水潑然縈抱如帶開門南向凡鳳馬諸山列峙環拱聳秀迭青徐步東籬則行人屬路相倡相呼樵者自南漁者自北主人悠悠而處乎其中俯仰山川神與之游表裏人物形與之化殆欲絕塵氛忘歲月而不知其他者或曰南都亦東墅也主人曰有是哉始治裝戒行歲云暮矣濱行顧而言曰都也吾寄墅也吾居吾安能淹吾寄而曠吾居也哉

黃忠端故里在通德鄉黃竹浦康熙志　國朝黃宗羲小園記黃竹浦軒之西有隙

地縱二尋而強橫三尋而弱辟以爲園用樹花木不過八九株而已因買瓦盆百餘以植草花水仙艾人芳洲洛陽茉莉眞珠煙蒲石菖辣茄苦蕒金鐙銀合黑牛紫燕虎刺蛇牀鈴兒鼓子忘憂含笑庭莎路杞秋羅似翦荷包象形康成書帶徐公劍脊濃則牡丹芍藥淡則春蘭秋菊藥品瑣碎皆爲芳草施以人工則桃李梅杏金松綫柏屈其干霄之志下同弱卉至於麗春款冬丈紅段錦雁來燕麥紫茱秋棠斷腸洗手紅姑虞美叢生砌下遞換疇開非盆盎之所收拾也昔黃石齋先生爲先忠端公書庾子山小園賦遂取揭之軒中而以名園夫子山之園雖小猶得欹側八九丈縱橫數十步以吾園較之不能十之一無乃非其類乎雖然小大何常之有子山之園覗章華銅雀謝靈運之山居沈約之郊居千百中不及一二故謂之小而吾之園又不及子山因子山之小而小之昔傅長虞小語賦稱粒爲舟針孔自匿蘇子美詩託身螟兩睫卜都牛一毛是萬物之數尤有小於吾園者矣郭象曰統大小者無小無大者也苟有乎大小則雖大鵬之與斥鷃宰官之與御風同爲累物耳試爲之拔棘排牆藍水東流戴九靈痛哭之詩蹟也石窗南峙劉綱樊夫人乘雲而狡獪者也西望則虞仲翔注易之露未乾北眺則陸放翁之奇峯突兀此則子山之所不能有也今八之誚固陋者曰兔園策兔園策乃徐庾之體非鄙樸之談但家藏一本人多賤之兔園者

小園也天下之固陋有如余者乎則余之名此園也固宜

明劉宗周過弔詩孤櫂出江汀江流去不平千秋知己哭一夕送君行骨與冰霜競魂歸雨露清空遺明主恨破柱有乎陵

施忠愍宅在龍泉山前康熙志　案宅爲施宿十三世孫一清施鏶舊居有尺石池在石壁下倪宗正有石壁爲施一清題詩云先生結屋石壁下細蔓長藤復纏挂煙雲缺薄竹影補清氣蕭深雨過乍壁下石池一尺深海思江情同變化春雷未起霹靂聲蛟龍縮角傍人詫君不見清秋牛斗閒時有靈光遠騰射

國朝

迴瀾閣在低塘堰勞餘山讀書處姚江小志

烏樓在南門外霞浦令胡世鋌居其地能書有文稟姚江事蹟

邵家人詩遙指烏樓鐙火處嘔啞四面桔槔聲白魚釣罷歸來晚司馬橋頭月尚明

萬柳堂在青山邵廷采設館曰横雲植柳萬株今爲選佛

場姚江事蹟

邵晉涵詩橫雲池館已荒涼衰柳今依選佛場細路獨來尋曲澗孤亭無主倚斜陽蘆搖霜氣飛千點雁過風稜併一行惟有西山肯留客溼嵐如畫石橋旁似聞春露濯靈姿上客先拈白雪詞花氣撲筵香是霧歌聲吹夢雨如絲我生已晚悲前度樹豈能言感昔時日暮陂塘迴瘦馬碧雲黃葉去何之

翁孝子廬在東門外鳳山西孝子運槐運標所居姚江小志

柳園在南城壇井衕陸烈故居姚江事蹟

邵家人詩楊柳絲絲拂曉風故園結構亦稱工自從新鄭辭官後蠟屐行吟蔓草中

三徵宅在南城東泰門內三徵士邵坡昂霄晉涵也姚江事蹟

邵家人詩老屋敧斜枕故闉連番蒲壁動芳鄰到門翹首三徵士合與黎洲繼後塵

佚老巢在北城東門外小鳳山翁元圻仿陸游詩巢高翥信天巢立小楹顏曰佚老姚江小志

環碧堂在南城東街楊太守紹裘所居姚江事蹟

邵家人詩花木扶疏環碧堂鷗波書法愛三楊鰤生少小曾窺眼至聖全圖付渺茫自注太守子懷餘慶餘俱善書所藏有仇十洲至聖全圖

五桂樓在梁衕村黃澄量藏書處胡芹五桂樓藏書記石泉曰其所藏書種計者若干冊計者若干卷計者若干錄而請余曰目曷記曰記目也曰目曷記曰記書也家之一物一器號列件分纖屑記注備遺忘也書目亦然余曰嘻是誠然矣有目矣有書矣記目矣記書矣不遺忘於目而遺忘於心可奈何凡人少見則情疎慣見則情親倘有目矣有書矣曰某人某書某書某人從目求書從書而求讀其書因而得一書添一目即讀一書而十而百而千而萬記於目者記於心是亦博聞強識之一助也豈獨不遺忘而已若夫綜覽而貫串之則又存乎其人石泉曰若是則書目之所係者大矣請書之爲記　吳縣蔣清翊記原夫白圖啟瑞榮光洩天地之奇蒼水陳符寶籙發山川之奧弇州西鶩肆馬跡於羽陵震澤東浮探龍威於包嶺溯太初而遠覽仙牒罕存歷中古而退稽聖經閒出微言既絕猶藏魯壁之書逸禮旁求幸免秦坑之火百家騰躍競作述以相高四部縱橫事搜羅

以爲富或石渠鄭重或金匱輝煌或削柹以晨書或蓺背以夜讀莫不晏協共納蘇篋爭陳入尊延閣之藏家重高齋之學矣餘姚五桂樓者黃氏石泉先生築以藏書之所也先生諱澄量字石泉器度融和風神淵穆整躬比於圭璧好學甚於丹青執卷庭中雅同高鳳帶經隴畔有類兒寬訂白紵以高歌緘青箱而勸學以爲得聞者教詩書胥載道之文不朽者言糟粕亦康時之具古者下帷不輟閱市無荒囊車允之螢辨終軍之鼠咸資稽古不憚窮年先生思宏傳研之心永念遺籯之教留心縹素肆力丹鉛過秦相之門便求呂覽入蔡邕之帳試索論衡搜墜簡於荒陵受異書於神石巨編既輯不遺安石之碎金小道可觀兼采寒山之片石舉凡鹿洞談經之作龍門紀史之文漆園藏室之言唐勒景差之製以至九章算術五壘兵圖星宮風角之淵微王相握奇之隱奧三乘秘藏衍香象於元宗九籥仙經刊飛軀於丹衮網羅略備囊括無遺凡聚書五萬餘卷別本重複者又數萬卷既於宅南創樓三開庋藏卷軸爾其抗梁煙道置臬星衢反宇臨風層甍轉漢魚鱗比瓦納雲氣於重檐雀目開窗延山光於曲檻柳條拂砌低縈文寶之編草色鋪階近襲康成之帶罵塵不到比譚易之雞窗湫隘無虞殊校書之馬隊至於春晨煙霽襛李初華秋夕霜飛疎梧半脫引清風於夏簟耿寒燄於冬釭籥局猶溫琴言甫歇試探寶軸緩引金繩搴枝葉於詞

林酌波瀾於學海叢編櫛比秘册環周如升懸圃之三成琳瑯滿目若陟明堂之九室彝鼎生先高情與白月齊懸奇氣共青霞競爽是惟精舍足擅名山洵可以娛羡書巖先鳴翰苑者矣清瑚一官拓落卑甚馬曹三載栖遲暇翻蠹簡與先生之孫方軒司馬暨其仲子芝生秀才幸託紀羣之末契獲申孔李之深交屬於命筆之餘爲作藏書之記余維庚申擾亂吳會播遷慨文武之道消値衣冠之迹熄大波振盪并藝圃以沈淪烈火炎崑鞠詞場爲灰燼凡所藏弆咸致飄零茲樓歷劫能存經兵猶時毗風動地不壞須彌洪水襄陵莫移底柱雖盈虛之有數亦呵護之可憑余也多愧筆精未臻墨妙學慙麟角幸窺玉架之奇譽竊鳳毛輕敘石倉之富聊陳端末式備流傳

四明閣在驛下冬官里朱閣學蘭督學安徽使竣歸里臨江築此每集耆舊談讌其中一時傳爲香山洛下之比山色江光風帆沙鳥遙瞻俯矚靈襟灑然洵登臨勝境也

餘姚縣志卷十四古蹟終　光緒重修

餘姚縣志卷十五

冢墓

漢

嚴光墓在陳山（又名客星山）輿地志云墓衞有石羊乾道中丞相史文惠公守越於墓側建祠堂自作碑屬錢塘虞似良書之似良字仲房有分隸名自言隸法師逢童子唐仙人二碑（嘉泰會稽志）孫應時客星橋記略邑東北十里陳山之陰據峻陘俯長川以望東海是謂嚴先生墓蓋嘗家是山而歸葬焉故太師史公鎮越始告縣表客星山墓道起精舍曰客星堂而爲之田長吏以時奉嘗華清泉左數十百步躡而上登復數百步岡夷隴合左顧右旋東望山回處如吻仰張狀回外隱隱見海是爲光墓詳陶安高節書院紀略墓故有題石曰漢嚴光墓唐人筆

也今已莫存明正德八年紹興同知屈銓復立石鐫曰漢徵士嚴光之墓嘉靖志萬歷三十一年巡撫尹應元檄所司刈草萊治傾圮樹之綽楔洪啟睿重修嚴先生祠墓并建坊記

宋史浩詩玉匣蛟龍已草萊一邱馬鬣尚封培雲臺若也標名姓千古誰知有釣臺　陳允平詩山高石怪水泠泠三尺孤墳葬客星遙想陵原松檜色曉煙昏雨爲誰青

明唐之淳詩皇天厭新亂炎劉噓復然天子吾故人不事何其賢維此一抔土體魄之所存清風激嚴谷勁氣出蕭蘭中有高空雲日夕相盤旋化爲千尺虯下飲清泠淵爲霖既靡試翻身入長煙猶疑動星辰亟去不敢還我見重再拜毛髮懍衝冠緬懷東京日一傷然思執鞭　國朝樊燿碧詩斜照空山曲荒煙亂石秋封馬鬣萬古弔羊裘尚志誰相追高風孰與傳徘徊不能去黄葉滿江流

案舊志或書某墓或書某官某墓某某號某墓今引原文各仍其例惟依傳爲次略加參訂舊志所載無傳諸墓移置各代之末墓不在本邑者舊志亦雜入今別錄卷末以資考核

虞國墓在縣西五里案嘉靖志云在雙雁鄉孔曄記云國爲日南太

守有惠政出則雙雁隨軒及還會稽雁亦隨焉其卒也猶棲於墓不去嘉泰會稽志死乃瘞之墓旁名曰雁冢嘉靖志案原注會稽典錄曰雁住墓前三年乃去蓋存異說以備參稽也

劉綱墓在縣南八十里案乾隆通志云在四明鄉皁莢隝其妻樊夫人祔嘉泰會稽志綱上虞令與樊並有道術已乃昇仙其蛻骨合葬云嘉靖志

三國 吳

虞翻墓在羅壁山下蓋縣南十有八里嘉泰會稽志

晉

支遁墓在隝山四明山志

唐

學士汪亮墓在四明鄉石井山嘉靖志

樂安侯孫郃墓在白雲山四明山志

宋

秀王趙伯圭墓在從山乾隆志　案宋史安僖秀王子偁爲孝宗本生父伯圭字禹錫爲孝宗同母兄紹熙元年嗣秀王嘉靖志誤以伯圭爲孝宗本生父舊省府縣志沿之並失又史傳伯圭賜第還湖州尋薨於家而舊志云家餘姚而葬焉未知何據元陳綱詩秀王陵墓此山巔古寺荒涼隧道邊花礎蛟龍蟠夜月蘚碑麟鳳泣秋煙劫灰不泯三千界香火今餘二百年頭白老僧言歷歷逢人揮淚佛燈前

德興丞胡宗伋墓在翁湖山嘉靖志

侍郎陳槖墓在化安寺嘉泰會稽志

統領陳升墓在汝仇湖赤嶺康熙志　案嘉靖志原作統領陳廷瑞康熙志改作陳升

疑廷瑞當是升號今從之

尙書胡沂墓在澄溪嘉泰會稽志案防護錄云在新塍

知婺州趙師龍墓在石堰西嶼樓鑰撰墓志銘攻媿集

朝奉郎管雲臺觀趙善譽墓在緒山樓鑰撰墓志銘攻媿集

承議郎孫介墓在新塍竹山樓鑰撰墓志銘介年七十時自志其墓國錄沈煥爲之狀初葬燭溪湖潘山之陽後得吉卜於此遂遷葬攻媿集

李必達墓在上林鄉梅塍袁燮撰墓志銘絜齋集

從議郎應洙墓在蘭風鄉新湖袁燮撰墓志銘絜齋集

知餘姚縣施宿墓在游源山案墓錄施譜國朝施以梧有訪墓不獲感賦七律一首云躋攀幾上翠微巔派衍綏州溯始遷舊德乍披嘉泰志遺民猶說慶元年桐鄉自昔留朱邑蘚碣無因剔紫錢日

暮空山蒼靄合獨扶節竹聽嘑鵑後宿二十四世孫湖州府訓導繼常自同治甲戌迄光緒庚辰三次乞假歸訪得之於福昌寺西南有階七級墓石四方前有華表皆宋制左右有山五畝久爲他族公業因措貲購而復之率宗人捐置祭產歲時祭掃著之家譜以梧詩采入兩浙輶軒續錄繼常子富陽縣教諭啟瑞與校刊時墓已訪得以例不備載私家事實不及附注云

朝奉郎孫應時墓在龍泉鄉竹山楊簡撰壙志燭湖集

殿撰莫子純墓在烏戎山嘉靖志

尚書王俁墓在冶山鄉嘉靖志

國子司業王遂墓在縣雙林樓鑰撰行狀攻媿集子朝奉郎中行墓祔袁燮撰墓志銘絜齋集

餘姚尉楊襲璋墓在開元鄉嘉靖志

朝奉大夫李友直墓在蘭風鄉新湖劉公廓樓鑰撰墓志

銘攻媿集

吉甫楊子祥墓在開原鄉東蒲堰東

侍郎胡衞墓在吳山孫嶴康熙志

孫椿年墓在澄溪陸游撰墓表渭南集葉適撰墓志銘水心集

大理卿毛遇順墓在湄熙嶺嘉靖志

太常卿孫子秀墓在四明鄉乾隆通志　案康熙志作大卿誤

祕書郎岑全墓在上林鄉古嶺嘉靖志

沿海制置使幹官胡坤墓在石堰大嶴滸山志

任伯雨墓在何師公嶺乾隆志　案伯雨眉山人以進士歷官右正言首擊章惇貶雷州繼論蔡卞蔡京王覿將劾曾布入黨籍編管通州徙昌化事具宋史列傳乾隆志云世傳謂後隱餘姚張文華以女妻之遂家麟山今子孫猶聚族其下初葬荷花原明洪武中建衞城乃改葬於斯

中書舍人王鉌墓在雙雁橫溪嘉靖志

通直郎王鎮墓在樂安山嘉靖志

將仕郎莫當墓在菁江嘉靖志

莊簡李光墓在姜山嘉泰會稽志　案光上虞人

侍郎倪思墓在賀溪嘉靖志　乾隆志引萬歷志同又案湖州府志云在烏程縣西北十五里

知府趙彥嗣墓在鳳亭鄉嘉靖志

尚書孫松年墓在澄溪康熙志　案孝義鄉孫譜松年字伯壽椿年兄事蹟失考

太尉韋璞墓在通德鄉八保畈嘉靖志

建康節推趙懷英墓在通德鄉福泉山嘉靖志

學士案嘉靖志作丞相史嚴之墓在蠋溪湖梅梁山康熙志　乾隆志引古今圖書集成石柱及石門尚存石柱遠在山外臨溪水　案嚴之鄞人嘗知紹興府官至資政殿大學士

元

梼峰岑安卿墓在上林鄉包𡸣嘉靖志

教授岑翔龍墓在上林鄉石𡸣康熙志案翔龍附見祖宋岑全傳

提舉制置使提綱胡元之墓在汪家漕詩山志

孝子石明三墓在四明山俗名盤龍窠

國子學錄岑賢孫墓在金家畈嘉靖志案畈原誤作峻今從康熙志

知州李恭墓在燭溪山嘉靖志案康熙志作在燭溪山梼栳峰考嘉靖志下連梼峰岑安卿墓康熙志誤以梼峰上屬李墓又以意增栳字乾隆府縣志沿之俱失

胡忠案原作景莊及子秉義墓並在游源山嘉靖志案乾隆府縣志引萬歷志並作游源山西園考嘉靖志下連西園楊璲墓與梼峯岑安卿一側乾隆府縣志亦沿誤

知州汪文環墓在東山夏公𡸣嘉靖志

明滑浩詩謝傅登臨後何人占此峰荒頹遺廟在冷落野芹供巖石蟠螭怪溪泉瀉玉淙賢哉州太守片石亦苔封

州判黃茂墓在通德鄉太白浦 康熙志

西園楊璲墓在梅川鄉匡阜南山 嘉靖志

戇庵黃叔英墓在游源竹山叔英慈谿人教授餘姚卒其壻岑可久葬之 嘉靖志

明

參議王綱墓在禾山 嘉靖志

黃珏墓在四明建峒㠥謝肅撰墓志銘

攻古趙撝謙墓在隝山 嘉靖志 案防護錄云在亭一都貴山

參議錢古訓墓在客星山 嘉靖志

侍郎劉季篪墓在豐山 嘉靖志

按察僉事馮本清墓在蘭風鄉馮村南

知縣李貴昌墓在剡湖西南平原

御史潘楷墓在黃山康熙志

錦衣衛朱德辰墓在許家山

贈少傅謝瑩墓在雞鳴山嘉靖志

按察使謚忠襄毛吉墓在豐山嘉靖志　案墓入防護錄右都御史史琳墓在烏玉湖防護錄　案乾隆府志云在玉泉山李東陽撰墓志銘乾隆府志墓前有四碑並仆

副使馮蘭墓在蘭風鄉馮村南

太傅謚文正謝遷墓在杏山嘉靖志　案防護錄云在雞籠山朱希周撰墓志銘乾隆志

副使黃肅墓在梁衕登明橋西南車畈王守仁題墓碑

太子少保謚文僖黃珣墓在彭山嘉靖志梁儲撰墓志銘

尚書陳雍墓在蓮花峰葉向高撰神道碑乾隆志孫鑛撰墓志銘月峰集

都督僉事孫堪墓在燭湖孤山華表翁仲石獸並仆

尚寶丞孫墀墓在燭湖眞武山俗名懸甑山

尚書謚文恪孫陞墓在燭溪湖月山徐階撰墓志銘乾隆志有神道碑翁仲石獸並仆案墓入防護錄

員外郎錢德洪墓在勝歸山玉屏峰下徐階撰墓志呂本撰墓表門人蕭良幹題曰大儒緒山先生之墓乾隆府志陵墓補遺引錢氏家傳案志作郎中今據史傳訂

思明同知夏湝墓在鳳亭鄉趙蘭湖東南俗名燕子窠山

孝子黃驥墓在四明鄉梁衕西南車畈

孝子鄒大績墓在烏椊山

明楊珂詩悠悠鶴言邁恍恍登東岐念彼幽獨人中心愴以惻茫茫荒草路冥冥長夜臺北風轉虛夕白日淪蒿萊嗷嗷集羣鳥慘慘鳴狐狸巨蛇偃空谷猛虎潛高崖垂垂冬果熟郁李無根栽煌煌榮枝茂揖揖游蜂來嗟嗟鄒子德戀戀難爲開望望一何苦淚淚淚空哀　韓廉詩親恩難報我心傷一命相依泣墓旁啜粥飲漿甘淡泊寢苫枕塊尚徬徨人多頌德曾登牘盜亦聞名不犯鄉指日廷評旌宅里山川草木盡增光慈親患病子心憂夜夜焚香戴斗牛紫石英從何處問丁公蘇屢向人求頻調湯藥渾無效痛取肌膚乃得瘳孝感蒼穹終不泯姓名早擬史中留

貞烈竇妙善墓在石巍橋下俗呼繡鞋墓

國朝邵家人詩左通門內柳條青貞烈祠中薦餕馨聞說繡鞋曾葬此一聲柔櫓弔湘靈

參議牧相墓在余山方輿路程考略

鄖陽巡撫宋寃墓在滸塘山康熙志案防護錄云在獨溪二都蛟騰山

鄖陽巡撫胡東皋墓在方岡山張懷撰墓志銘乾隆志案墓入防護錄

太僕卿胡鐸墓在東山南嶴嘉靖志案墓入防護錄

知府倪宗正墓在羅壁山嘉靖志有神道碑

侍郎謝丕墓在東山余季墩康熙志

明陳敞邕詩巍然雙柱插秋雲木落烏嗁不忍聞余季千年留隱蹟行人只說侍郎墳

廬州府同知顧蘭墓在烏玉嶺東福全山後歐陽衢撰墓志銘

光祿卿陳煥墓在姥嶺康熙志

侍郎顧遂墓在烏戎山康熙志案防護錄烏訛作高有二碑並仆

漳平知縣施信墓在縣北峽山

應天巡撫陳克宅墓在雲樓鄉陸家園康熙志案墓入防護錄

尚書魏有本墓在鳳亭鄉方家嶴康熙志華表圮誥命碑亭猶存

侍郎龔輝墓在四明山上莊康熙志

侍郎楊大章墓在羅壁山康熙志華表存

太僕寺少卿周如底墓在雲樓鄉西八保畈

大學士謚文安呂本墓在姜山康熙志

修撰韓應龍墓在勝歸山鹿嗣宗聖廟志輯要鄉賢傳

邵武同知諸燮墓在白鶴峰下乾隆志引通志

尚書翁大立墓在大黃山田樂撰墓志銘乾隆志

按察副使陳墀墓在鳳亭鄉許家山華表存

侍郎孫鋌墓在燭溪湖寶幢山張四維撰墓志銘乾隆志

侍郎張岳墓在頓穀山沈明臣撰墓志銘乾隆府志

太子太保謚恭介陳有年墓在黃山方輿路程考略

兵備僉事胡翌墓在邵嶴福昌寺後山滸山志

太僕寺卿孫錝墓在燭溪湖月山華表仆翁仲石獸猶存

侍郎邵陛墓在豎粒山孫如游撰墓志銘乾隆志

尚書謚莊敏沈應文墓在黃山姜逢元撰墓志銘乾隆志

尚書孫鑛墓在燭溪湖小月山乾隆府志

知縣李槃墓在通德鄉黃山嶴

兵備副使胡旦墓在邵嶴玉屏山滸山志

雲南僉事胡時麟墓在梅川鄉烏石山周應賓撰墓志銘

大學士謚文恭孫如游墓在燭溪湖壽山乾隆府志案墓入防護錄

布政右參議陳治本墓在桐木湖青牌山許山志

吏科給事中陳治則墓在埘子湖南山許山志

都督僉事汪登瑞墓在四明鄉梁衙大園

贈太僕卿謚忠端黃尊素墓在化安山文震孟撰神道碑銘乾隆志案墓入防護錄

左副都御史國朝賜謚忠愍施邦曜墓在大黃山案防護錄在鳳凰山黃道周撰墓志銘康熙十一年知府張三異知其無子未葬捐俸與知縣潘雲桂治之豎表勒碑如例乾隆府志

按察使葉憲祖墓在邑西蟠龍山黃宗羲撰墓志銘南雷文約

知州于重華墓在豐山三祠傳輯

大學士熊如霖墓在開元鄉汝仇里皇封橋河後案乾隆志衣冠墓在水閣洲

大學士孫嘉績墓在燭湖壽山毛奇齡撰墓碑乾隆府志引孫譜

黃宗羲撰墓志銘丙戌六月二十四日公卒於翁洲康熙乙丑其孫訥渡海載柩歸葬燭湖南雷文約

知縣陳相才墓在布機山衙山志

于家大墓在治西南隅山川壇右于肅愍謙祖墓也肅愍之先家餘姚後徙杭籍錢塘正統初始除餘姚籍嘉靖志

贈少傅謝恩贈侍郎謝選墓並在牛屯嶴嘉靖志

國朝

特徵遺獻黃宗羲墓在化安山全祖望撰神道碑〔鮚埼亭集〕毛奇齡撰墓志銘〔毛西河集〕

李暾種梅黃黎洲先生墓上詩栽遍梅花十載心蹉跎不覺到而今忙歸西子湖邊屐來聽南雷樹上禽觸露衣霑青草溼負榭手種白雲深千年碑碣傳高節不獨孤山處士林

中書高華墓在眉山小嶺東〔許山志〕

衛參軍高遴墓在將盔山東駱家灣〔許山志〕

孝子翁運槐墓在高田畈

道州知州翁運標墓在後橫潭畈邵庵後

興化知府胡邦翰墓在石堰謝家山

辰州知府諸重光墓在穴湖子開泉衕

侍講學士邵晉涵墓在鳳亭鄉湖頭山錢大昕撰墓志銘

國子監助教張義年墓在雲樓鄉下新壩

湖南布政使翁元圻墓在東門外後橫潭畈

西寧知縣諸豫宗墓在畢家堰東原

編修邵瑛墓在鳳亭鄉龜山西南

山西布政使張志緒墓在鯉魚山

內閣學士朱蘭墓在燭溪鄉勝歸山

漕運總督諡文靖邵燦墓在蘭風鄉姜山大長灣

別錄

晉

徵士虞喜墓在慈谿宣州山

陳

贈侍中虞荔墓在慈谿鳴鶴山三祠傳輯

唐

弘文館學士謚文懿虞世南墓陪葬昭陵唐書本傳

宋

詩人高翥墓在杭州孤山後談家山乾隆志引萬歷舊志

修職郎孫一元墓在奉化四明山金鵞赤水原康熙志

明

太常少卿陳贄墓在杭州風篁嶺龍井山子右通政嘉猷祔乾隆志引萬歷杭州府志

江西巡撫謚忠烈孫燧墓在慈谿龍山楊一清撰墓志銘乾隆志引通志案墓入防護錄

高宗仁皇帝南巡祭墓文

惟爾學邃知行，才兼文武，蚤通仕籍，直節著於朝端，比任封疆，偉伐昭於寰宇。拔本塞源之論，徹悟始自龍岡；平藩殲逆之功，晚節尤推滕峽。蓋其決機制勝，定於性分之中，故其講學明心，多在兵戎

新建侯謚文成王守仁墓在山陰蘭亭山湛若水撰墓志銘乾隆府志府城南二十里花街洪溪文成與其父母三墓案防護錄云文成父墓在天柱峰背茅山爲土人所佔侵削殆盡康熙五十四年知府俞卿毅力廓清盡歸所佔者還之王氏俾世守之五十七年三月立讞語存案學使朱文正珪撰墓表乾隆府志案墓入防護錄

郎中徐愛墓在山陰迪埠山麓徐譜

侍郎嚴時泰墓在杭州上天竺東偏西湖志

尚書謚文僖案原作文恪今據本傳訂陳陞墓在慈谿龍山康熙志

尚書謚端肅趙錦墓在會稽蘭亭叟家塢乾隆志引通志案墓入防護錄

之項蔚成名世允協晉宗茲以時適浙東觀風越下紀丹青之動業文成之嘉謚攸宜緬川嶽之英靈賜明之故居不遠用申嘉尚特薦馨香靈如有知庶其來格

廣東提學副使楊撫墓在上虞馬慢橋楊譜

尚書謚清簡孫鑨墓在山陰梅山案防護錄云在鑄浦山趙南星撰墓志銘乾隆志

祭酒胡正蒙墓在慈谿鍾家門山康熙志

光祿卿孫如法墓在山陰鳳凰山陳繼儒撰墓志銘乾隆志案墓入防護錄

兵部尚書謚忠貞王業浩墓在山陰徐山防護錄

徵士朱之瑜墓在日本常陸久慈郡大田鄉瑞龍山麓日本安積覺舜水先生行實

餘姚縣志卷十五冢墓終　光緒重修

餘姚縣志卷十六

金石上

漢

三老碑

碑高今工部營造尺二尺七寸廣一尺四寸右橫分四列第一列四行二十二字第二列六行四十六字第三列六行三十八字第四列五行二十九字左直書三行八十二字藏陳山周世熊家

三老諱通字小俞樾作少父庚午忌日祖母失諱字宗君癸未忌日以上第一列掾諱忽字子儀建武十七年歲在辛丑四月五日辛卯忌日母諱捐字謁俞闕疑君建武廿八年歲在壬子五月十日甲戌忌日以上第二列伯子玄曰大孫次子但曰仲城次子紆曰子淵次子提餘曰伯老次子持侯曰仲廱

次子盈（俞作盈）曰少河（以上第三列）次子邯曰子南次子士曰元
士次子富曰少元子女曰元（俞作无）名次女反曰君明（以上第四
列）三老德業赫烈克命先已汁稽履仁（宋仁山作作俞作化）難名兮
而右九孫日月虧代（宋仁山作伐）猶元風力射邯及所識祖諱
欽顯後嗣蓋春秋義言不及尊䙡上也念高祖（祖字補寫左旁）至
九子未遠所諱不列言事觸忌貴所出嚴（俞闕疑）及焦（俞闕疑）
敬曉末孫口（疑古莫字俞闕疑）副祖德焉（以上直書三行案碑微泐今據周世熊原釋分注俞宋所釋存參）

周世熊跋　先君子解組後卜居邑之客星山下嚴陵塢郎
漢徵士嚴先生故里也咸豐壬子夏五月村人入山取土
得此石平正欲以甃墓見石上有字歸以告余余往視碑
額斷缺無從辨其姓氏幸正文完好共得二百十七字因
卜日設祭移寘山館建竹亭覆之案東漢光武晉惠帝東
晉元帝後趙石虎西燕慕容忠齊明帝魏北海王皆紀元

建武惟光武有廿八年，且値壬子，碑記其母忌日，即未必刻於是歲。字法由篆入隸，與永平、建初諸石相類，定山東漢初無疑。三老諱通，邑志失傳。《任延傳》：延爲會稽都尉時，避亂江南者皆未還中土，會稽稱多士，如董子儀、嚴子陵，延皆以師禮待之。此諱忽字子儀者，歿於建武十七年，時地悉合，豈即董子儀歟（[illegible]董氏盛於漢代，董昆、董春、董黯見《太平御覽》《北堂書鈔》注引《會稽典錄》、謝承《後漢書》、《會稽先賢贊》諸書）。漢碑盛桓靈朝，當建武時碑制未備，額右乜形頗類碑篆，末筆其文奧衍，大意爲子儀第七子邯追遠而作。祖母、母有諱字，而不及氏，末云貴所出嚴及焦，或二母之氏歟。碑出咸豐壬子，上溯建武壬子，正得一千八百一年。辛酉之亂，賊火吾廬，亭相去稍遠，得不毀。事平，碑仆於地，旁甃漢晉甎數十，如竈突然，蓋賊用以作炊者。石受薰灼，左側黯黑，而文字無恙。凡物隱顯成毀，固有定數，此碑幸免劫灰，先賢遺跡賴以不墜，知海內好古家同此愉快也。

俞樾《春在堂隨筆》二：咸豐二年，餘姚客星山新出一漢碑，碑文首有三老二字，故即名曰三老碑。宗湘文觀察源翰以搨本見贈。余詳其文義，三老生一子而有九孫，此碑乃九孫中弟七孫名邯者所立，以識祖父名字，且存忌日。然祖及祖母忌日有日而無年月，亦殊略矣。所引《春秋》之義，始即《穀粱傳》孔父不名爲祖諱之說，意其人乃爲穀粱之學者也。父歿於建武十七年，則九子之生必有在王莽之世者。莽禁二

名而提餘持侯名皆二字其亦有用漢臘之意乎名字俱
備而姓氏竟不得詳當更放之又其文字有不可識者姑
作空閩記之間藏是碑者爲周君世熊字清泉有釋文當
求其詳并證異同也　春在嘗隨筆七碑云三老庚午忌
日祖母癸未忌日但云庚午癸未不載年月余姑識其疏
略既而思之其於父母既備載年月日何於祖父祖母遂
疏略如此此必有故也竊疑古人以幹枝紀日不以初一
初二紀日其家相傳三老於庚午日死祖母於癸未日死
相傳既久忘其年月民閒不知歷術安能推知其爲某年
某月某日乎於是子孫遇庚午癸未日則以爲忌日蓋古
人忌日之制本是如此試以子卯疾日證之子卯有二說
鄭司農以爲五行子卯相刑此固不必問其何月也賈逵
云桀以乙卯日死紂以甲子日亡則有日無月似不可通
乃鄭康成何劭公等翁然宗之無異詞者蓋援忌日之例
止論幹枝不問爲某月第幾日如紂以甲子亡以三統術
推之爲武王十一年二月五日至次年二月五日乃上年
紂亡之日在今人必以此爲疾日矣古人不然二月五日
不値甲子郎非疾日而凡遇甲子郎是疾日一年有六甲
子是有六疾日也疾日忌日其例並同今人但以父母亡
日爲忌日非古矣因三老碑而得古人忌日之制故補記
之於此　案浙東存石此爲第一諸生宋仁山實始訪得
此碑稔周世熊有金石癖偕之往觀世熊既得其處夜即

獨乘小舟載碑還朱觀察朗然有記敘獲碑事甚詳

晉

南雷廟碑　咸寧□年

黃宗羲四明山志餘姚大雷峰之下名南雷里其可證者宋之會稽志晉咸寧間南雷廟碑是也　碑文佚

太平山銘

隗峩太平峻踰華霍秀嶺樊緼奇峰挺崿上干翠霞下籠丹壑有士冥遊默往奇託肅形枯林睽心幽漠亦既覯止渙焉融滯懸棟翠微飛宇雲際重巒蹇產迴谿縈帶被以青松灑以素籟流風佇芳翔雲停藹　嘉泰會稽志孫綽撰案乾隆通志據萬歷上虞志列上虞縣攷嘉泰會稽志引輿地志云餘姚縣有太平山又注太平山有三一在會稽一在上虞一在餘姚而餘姚之山最著是上虞亦有太平山矣

齊

太平山日門館碑 永明八年

日門館者東霞起暉開巖引燭以爲名也先是吳郡杜徵君聲高兩代德貫四區教義宣流播乎數郡拓宇太平之東結架菁山之北爰以此處幽奇別就基構栖集有道多歷年所 嘉泰會稽志陶弘景撰 案乾隆通志府志並據萬歷上虞志列上虞縣嘉泰會稽志餘姚縣太平山注梁杜京產居日門山陶弘景有太平山日門館碑華陽本起錄陶弘景於永明庚午年東行浙越處處尋求靈異到餘姚太平謁居士杜京產此其作碑之時也據此則孫銘陶碑皆當在姚

梁

葛玄碑 天監□年

山陰潘洪字文盛少秉道性志力剛明前往餘姚四明隩

國爲立觀直上百里榛途險絶旣術識有用爲物情所懷

天監七年郡邑豪舊遂相率輿出制不由己以此山在五

縣衝要舍而留止陶弘景撰　四明山志

招眞觀碑

潘洪隱始寧四明山有人耳長髮短云從虞山招眞治來

言訖忽然不見四明山志簡文帝撰　案二碑疑非全文

招眞觀疑卽爲洪立於餘姚四明陝者也

唐

龍泉寺額

乾隆府志引萬歷志寺額三字作歐陽率更

體或云卽歐書　金石志補遺歐陽詢書

龍泉寺碑　天授三年

唐大龍泉寺碑

昔軒轅之臺表於大荒之野靈光之殿存乎曲阜之鄉然皆毀滅不停苦空無我遺風餘跡尚或可觀況乎佛剎淨居金剛福地□□□□百靈之所扶持宜其踰億劫以永存歷三災而彌固者也龍泉寺者晉咸康二年縣民王陽及虞弘實等之所建立二人以宿値之良因修未來之勝果爰舍淨財興斯福事雖弘壯未極而嚴淨有餘其地勢則憑峻嶺以爲墉縈長江其如帶乃於形勝之所式建方墳背巘面流亭然孤立譬崑峰之望坳澤若圓嶠之汎滄溟棲眞之致莫與爲儔道場之建于茲二百年矣値梁室板蕩大盜潛移四海沸騰九夷交亂其壯騎之所憑陵戎馬之所轥轢燎原薙草邑無噍遺玉堂金穴餘構莫

存甲第高門尺椽皆盡浙河之左尤鍾其弊于時禹川殷阜舉袂成帷雲標風櫺彫甍綺閣皆夷漫滌蕩萬不一存潤屋爲墟暴骸如莽家靡餘爨路無行跡惟此伽藍巋然不動淸梵夜響和鈴旦揚行人宴嘿風塵無警或有履鋒介士彎弧劍客莫不釋戈免冑望崖頂禮豈非慈悲幽贊功德名符能伏獷戎善和怨敵斯固三寶之力不可思議但自刱立以來多歷年所時經理亂道或汚隆冬室夏堂亟多穨毁禪思或擾介衞罕周乃有淸信士女咸撤布帛隨時喜捨步影捷槌賫待無闕有仁慈焉有淨衆焉藉四部之護持起十方之回向低頭合掌並趣菩提彈指散花皆成妙道然佛法難逢人身易失傳火交謝念念不留閲

水成川滔滔莫返寧可宴安巢幕甘寢積薪沈溺蓋纏不求解脫實宜共出愛網同護法城修福不捐至誠必感大悲汲引義非虛說庶憑願力俱證道場是用鏤之金石咸題姓字貽諸不朽乃作銘云正教既隱象法斯備柰苑祇林香城金地鳥跂連屬翬飛相次像設開安斯爲佛事乃建靈塔傃江之派棟宇既修彫龕斯整負巖面壑棲雲倒景澹爾智留凝焉仁靖方丈淨室四柱寶臺遝遷時謝日往月來桂棟或朽蘭橑將摧珠幡掩色寶網凝埃篤以清信共弘利益或捨衣裘或傾粟帛造新葺故呈材獻石地擬金繩供同香積世諦虛假色相非眞棲託壽樹迴還苦輪惟我淨域出要艮津勝業可久輝光日新維大周天授

三載壬辰八月壬午虞南撰布衣董尋書

原跋
右唐布衣董尋書大龍泉寺碑用武氏國號紀元
及天地日月等字太和中再建而弗改也我宋承平寺益
閟修建炎兵革燼於一火閱六十年堂殿作新而碑久破
缺譚者莫能舉舊事僧法滂出墨本以私錢摹之石蓋攷
方志者欲其存古意於久遠剏永興公之賢實吾邑人其
作此碑示不忘本也而可使無傳於後哉滂癖老乃能惓
惓於是其志足嘉予因附書之碑字悉仍太和之舊獨額
篆不存今用進士虞時憲筆實永興公之裔云紹興元年
庚戌秋七月孫應時識　又右龍泉寺碑始立於唐武后
天授三年至文宗太和六年再摹之石至元丙子復火寺
廢乙未寺重建而碑尚殘缺未再勒也至正十四年寺僧
仁榮又於郡之能仁寺得墨本擇善工搨摹復刻石而樹
焉蓋寺之始創與其復興之概皆具於此碑存則後人知
所攷此榮所以惓惓於是而不敢廢也此碑自唐天授迄
今將七百年凡修建者一再立石者再物固有幸有不幸
也夫以一文人之片言隻語雖殘毀之餘猶不忍廢況於
佛祖之經論法律乎至正乙未夏永嘉高明書　嘉泰會
稽志越州龍泉寺碑虞世南撰布衣董尋重書沙門好直
篆額大周天授三年豎大和八年再修建碑今亡矣寺有
重刻本　又世南止日虞南蓋避太宗諱案太宗在位時

羣臣皆不避其名如虞世南蘇世長李世勣等是也世勣至高宗初乃去世字止曰李勣猶用古禮卒哭乃諱之文世南卒於太宗時未嘗單名南此碑蓋書人追去之也

乾隆府志世南卒於太宗時今云天授三載撰蓋書在前而立石在天授三年其後重刻時誤移書撰人姓名於下耳　案嘉泰會稽志云布衣董尋重書嘉靖志碑刻龍泉寺碑注云虞世南撰并書觀此知原碑撰書實出永興一手董書已是第二碑則追去世字立石在後諸疑皆釋矣

嚴公山摩崖

康熙志子陵二十三世孫唐絳州刺史浚請於玄宗立廟白雲峰有平石闊數丈刻嚴公山三大字苔蘚侵剝而披拂可觀　案史浩客星庵記云石壁峭然勒蘇學士題嚴公山三大字遒古可鑒

休光寺眞法師行業贊　天寶十五年

嘉泰會稽志寺今名九功天寶十五載王燧文洪元睿集王右軍行書石不存　乾隆府志引諸道石刻錄同

大龍興寺惠崇大師碑　大和五年

乾隆府志引復齋碑目釋好直述門人宗易行書大和五年十月十五日建在餘姚　案此碑復齋碑目謂在餘姚

而姚無龍興寺惟龍泉寺唐稱大龍泉寺其碑爲沙門好
直篆額此碑亦好直述當是一人疑興字乃泉字之譌也

大和造像記并題名碑 大和九年

唐大和九年頭陀蔡弘願率化衆緣永充供養 乾隆府志在龍泉寺
像後刻十八字其西廡又有供養碑一通刻施主姓名
案孫星衍寰宇訪碑錄題龍泉寺蔡弘願等造象題名記
時象及碑尚存也辛酉壬戌之亂并所存
山門大雄殿中天院盡燬寺遂無古刻矣

修阿羅漢塔記 開成二年

嘉泰會稽志沙門知白述王辭正書開成二年丁巳九月
八日咸通七年七月二十日再建立 嘉靖志在龍泉寺

奚獎書尊勝經幢 開成四年

嘉泰會稽志奚獎書尊勝經小字闕多開成四年十二月
十七日建在餘姚龍泉寺 案戒珠寺亦有奚獎書尊勝
經故會稽志以
小字多闕別之

護聖寺法常塔銘 開成□年

四明山志法常姓鄭氏襄陽人也參馬祖一得悟遂之大梅縛茅燕處人無知者開成四年九月示寂年八十八臘六十九進士江積爲塔銘

常住田碑

嘉靖志在龍泉寺范的書

修嚴先生墓殘碑

史浩客星庵記客星山先生墓在焉漢晉名公碑石皆毀止得唐顧況碑亦殘闕 案今墓前有沒字碑相傳是唐刻未審即是此石否

嚴墓題字

嘉靖志墓故有題石曰漢嚴光墓唐人筆也今已莫存

唐刻殘石

案同治十年燭溪鄉人於九功寺前水中得一石厚三寸餘長廣各六七寸四圍破碎有字五六行中一行存

七八字兩邊行僅一二字胡生昌濟以
歸朱孝廉衍緒定爲唐人書故附於此

宋

靈瑞塔院銅牌 建隆二年

寶慶會稽續志在縣東北十里普濟寺寺有一銅牌其上
鐫刻云建隆二年建此塔并屋舍因曰靈瑞塔院稱越爲
東都蓋是時尚屬吳越也兼有德韶國
師名字韶善地理術故建立時預焉

普濟寺陳公詩刻

山遠峰峰碧林疏葉葉紅憑闌對僧語如在畫圖中

嘉泰會稽志陳康肅公爲漕案
行窰所嘗來游有詩刻石寺中

海隄記 慶歷八年

令謝景初作雲柯以南隄二萬八千尺
慶歷八年七月王安石記 文錄水利

龍泉山王荆公詩刻

嘉泰會稽志在龍泉旁大字曰四海蒼生待霖雨不知龍向此中蟠絕句蓋後人放公書爲之非眞筆也

栲栳峰石谷亭題名殘字 熙寧八年

摩崖正書字大寸餘可見者六行首行一字次行二字三行三字四行二字五行三字六行二字

游 乙卯 陳公佐 李撰 楊景謨 黃頌 案永樂府志載宋元豐中楊景謨顧臨同遊客星山酌泉賦詩此刻有楊景謨題名則此乙卯當是熙寧八年

建學記 元豐元年

嘉靖志令黃鑄遷廟建學莫當開四衢作泮池靈星橋明倫坊王經撰記記不存

上林鹿田墓銘 元豐二年

銘高二尺廣二尺四寸二十七行行二十八字 在上林鄉

宋故口府君墓銘 并序

朝散郎守祕書省著作佐郎前監明州鹽稅務朱方撰

將仕郎試祕書省校書郎新授江州軍事判官項瞻書

將仕郎前守杭州新城縣主簿錢稾篆蓋

君姓□氏諱□□□世爲越之餘姚人曾祖□祖□父□皆隱德不仕君少孤於兄弟中最處幼尤能謹飭循理以順友諸兄凡家有所興置皆先問可否而後爲之必盡其誠必竭其力未嘗少忤詞色而事亦未嘗不集伯仲同居四十餘年語言愉愉仁愛怡怡見推於鄉里是惟家肥之效哉君雖治生業而頗好看書即其所居之西偏建室宇聚經史求良師友授教諸子俾朝夕修習于中嘗語之曰吾以事奪不能卒志於學汝其肄業毋怠冀爲時聞人若進取名位斯有命惟義方不可不勉諸子謹承志益懋

焉至於處家嚴而不失其爲恩持己愿而不廢其爲義與
人甚和待賓甚腆閭里告乏必隨意賙之而適宜子姝爱
侍必溫言訓之而加肅後復閱佛書談理性委家務于仲
子自處裕如也蓋君之資質其淑如此會縣興學舍君助
以財且躬莅其事未畢工遽感疾旣篤猶以講堂爲念戒
其子成厥構家人命僧誦佛號環顧以泣君整衣起坐聲
貌不動俄頃而逝豈非明識之致歟享年五十有六乃元
豐二年五月二十九日也初君以二親早世嘗悼其窀穸
非所利旣而選上林吉兆盡禮改葬而加隆焉君平日顧
先塋之勝謂人曰吾死必葬此壠今果符所言卽以是年
十二月丁酉於其地窆君之柩乃縣之上林鄉鹿田之原

也然鄉之士人美君報親之誠甚至茲又協從龜筮而祔藏焉蓋孝應終始之善不亦休哉娶□氏生男六人□□□□□□□□□□□皆業進士□□□□□女一人子於君爲鄉里而子純古又爲君揹實知履行之詳諸孤以狀哀泣求銘義無以辭銘曰爲善于躬君家其隆天靳壽焉美志不充有岡有陵君藏其窔實裕後焉以觀厥成

陳奕鐫

李莊簡公家訓碑

碑高三尺餘廣二尺餘十二行行十三字 在姜山土穀祠

莊簡李公家訓

少年欲勵志操□□□□□當以儉素勝之不□□

□□□□人之居處華潔過□□□□□□房窈窕則思顏氏陋巷□□□之盛饌甘脆肥濃則思□□□飲水之樂見人之佩服□□□珠玉之珍則思子路□□□□□□若能置吾言於座右□□□

呂氏義學記　紹興二十五年

嘉靖志上虞李孝先撰碑刻剝不可讀

放生池記　隆興元年

嘉泰會稽志在縣南以東西各一百五十步立石爲界隆興改元知縣事王庋始置朱待制翌撰　記佚

虞氏田園記殘石

宋儲虞家城記又聞梅川人嘗得虞氏田園記石刻於城旁川水中石斷裂不全其文有所謂桃源鄉應嶼伸瑤瑪等舊管水田二十二頃七十畝三角者可讀今余得其斷石果然餘所記田園數石刻尚多在水中不可得見

緒山廟記　乾道三年

乾隆通志引萬歷府志李泳撰　文錄典祀附廟

嚴子陵墓道客星庵碑　乾道七年

知紹興府前尚書右僕射同平章事兼樞密使鄞縣史浩撰邑人虞佀良書　文錄典祀附庵

東福昌教寺記　慶元二年

乾隆府志引嘉靖志孫應時撰　文錄典祀附寺

海隄記　慶元二年

令施宿自上林而蘭風爲隄四萬二千尺創建石隄四所爲尺五千七百樓鑰記　文錄水利

海隄後記　慶元二年

令施宿經營海塗開墾曠土得田千六百畝有奇建海隄
倉以其租爲歲修費顯謨閣學士樓鑰撰記　文錄水利

客星橋記　慶元四年
嘉靖志孫應時撰
文錄疆域附橋

修學記　慶元五年
嘉靖志令施宿建直舍作外門垣墉市贍
田書籍甚備尚書樓鑰爲之記記不存

翰墨堂記　慶元□年
乾隆府志金石補遺
在餘姚縣署蘇軾書

翰墨堂墨刻　慶元□年
嘉泰會稽志施宿刊東坡先生帖甚衆
臨邛常褚繼之蓋裒諸帖堂因以名焉

蘇東坡墨蹟
嘉靖志令施宿鐫於治內芙蓉亭今不存案蘇詩施注蘇
軾登望洪亭詩墨蹟乃欽宗東宮舊藏今在曾文清家宿

嘗刻石餘姚縣治東坡題云僕在彭城大水後登望洪亭偶留此詩已而忘之其後徐人有誦之者徐思之乃知其爲僕詩也集中無之以入詞後詩後　又送劉寺丞赴餘姚詩施注寺丞名撝其赴餘姚也公既作是詩又郎席作南柯子詞以餞有句云山雨蕭蕭過者是也後題元豐二年五月十三日吳興錢氏園作眞蹟宿皆刻於餘姚縣治

又次韻錢穆父詩欽宗在東宮時所藏東坡帖甚富多有宸翰簽題郎位後出二十軸賜吳少宰元中元中爲留文清妹壻以十軸歸之今藏於元孫戶部郎樂道樂宿爲餘姚嘗刻石縣齋墨蹟云病客來從飯顆山集本作遷客一言置我老劉背集本作二劉諸家所注皆引石勒載記云朕當在二劉之間耳先生自注　云公行軾告詞引董仲舒劉向事此注集本亦不載今補　又玉堂栽花周正孺有詩次韻詩欽宗在東宮藏公帖以賜吳元中與王晉卿都尉一帖云花栽乞兩茶兩林檎兩杏仍乞今栽花是人來種之玉堂前後亦異時一蘗段佳話也此詩之作正謂也宿刻此帖餘姚縣齋汪端明刻此詩成都府治　又韓康公挽詞三首韓康公名絳字子華其先眞定人後徙開封父億字宗魏事仁宗爲參知政事謚宗憲居京師號桐樹韓家子華爲翰林學士御史中丞知慶州熟羌據堡爲亂郎日討平之韓忠獻薦其口直有公輔口元祐二年以司空檢校太尉致仕是冬自潁昌入京觀燈東坡乃省聞

門生謁公置酒見留賦隆字韻詩正月十六日會從官九
人皆門生故吏多一時名德如傳欽之堯俞胡完夫宗愈
錢穆父勰劉貢父攽顧子敦臨出家妓佐酒故詩云笙歌
邀白髮燈火樂青春欲還潁昌未行而薨年七十七謚獻
肅三詩墨蹟精絕宿
嘗刻石餘姚縣齋

蘭亭摹本

乾隆府志引陶宗儀輟耕録蘭亭一百十七刻裝池作十
册乃宋理宗内府所藏每版有内府圖書鈐縫玉池上後
歸賈平章至國朝有江南八十餘年之間凡又易數主矣
往在錢唐謝氏處見之後陸國瑞攜至松江因得再三披
閲并録其目真傳世之寶也丁集一十刻餘姚縣
治本第六　案此或常褚刻置翰墨堂諸帖之一

觀音殿記

樓鑰撰

記不存

尉廨廳壁題名記　嘉泰元年

令常褚撰嘉泰元年四
月立石　文録公廨

法性院記　嘉泰三年
孫應時撰
文錄典祀

蘭風酒庫廳壁記　嘉定□年
孫應時撰
文錄公廨

高風閣記　嘉定十七年
嘉靖志紹興郡守汪綱
建并撰碑記記不存

二槐堂記　嘉定十七年
康熙志尉趙時鏞修令袁
肅爲之記　文錄公廨

餘姚縣進士題名記　端平□年
令袁肅致自皇祐至端
平題石於學宮今佚

明眞寺記　嘉熙三年

乾隆府志引萬歷志在靈源山樓扶撰　文錄典祀

餘姚縣進士題名續記　湻祐二年

餘姚爲虞支庶所封有舜之遺家詩書而人絃誦文而秀者彬如也曩者天步南渡越爲陪京其登名天府常盛於越之諸邑及賜第天子之廷又盛於浙之諸邑而嘉熙戊戌合宗姓庶姓凡十人前令尹袁公肅攷自皇祐至端平題石於學宮至嘉熙已弗勝記俶時實試令議續刻迨於代去去再歲新進士戴君得一及縣學之士周君公傳以書來曰君實有意於是今石已具願一言以揭於首輔爲之思曰諸君之續記特欲夸於人乎抑欲無愧於己乎苟欲無愧於己則盍思古人取士之本意矧生有虞之鄉亦

講明有虞所以官人者乎自舜禹臯陶相與吁咈必曰知人乃能官人亦言其德而已彼於三德而日宣於六德而日嚴用能浚明亮采交盡於下庶績五辰昭叙於上以成泰和之治後世不攷其德而取士以言至於今日科舉之弊極矣上以言取下以言應飾辭章麗華藻盻然求與時合言愈工而德日微其亦不知有貴於己者矣夫天生蒸民物則均有懿德之好由於秉彝倘求無愧於己將亦無愧於虞舜之鄉異時摩挲深刻一二而數德美相輝名節競著豈止夸一時而榮一鄉哉則續記之刻非以爲夸乃以爲勸矣承事郎權知瑞州軍王伭記

白雲教寺圓通殿記　淳祐四年

嘉靖志在四明鄉樓扶記　文錄典祀

朱子輩與孫應時手簡石刻 嘉靖志在今石堰南謝家山下近土人孫姓者墾地獲而祕之

白水山石壁題名 寶祐三年

寶祐乙卯暮春之杪上虞劉用父山父龍父豐德膚白雲山人郭仲休由錫雪回冉山憩飛瀑之下分石列坐浮觴清流覩永和暮春觴詠其致一也主山水施若識 四明山志

積慶寺碑 寶祐四年

賜史巖之梅梁山積慶教寺 嘉靖志十一字石刻宋理宗書　乾隆府志寺前刻宋理宗書積慶教寺四大字賜史巖之其下即刻史巖之謝表碑今中斷爲二

梅梁山功德院記 寶祐四年

積慶教寺碑銘　資政殿學士史巖之撰　惟南大嶽有
師思大傳智者師捷得三昧妙瀼云何比象蓮華圓頓深
入眞淨不瑕燕于姚江象教流盪疑對鷲山而遊龍藏聚
沙成佛合掌入聖一念玄關十方圓鏡相維燭湖巖壑分
秀赤城在東天姥殿右童育現前太白東吳三乘入部龕
習聖徒梅幹龍根飛躍天禦風雨悲鳴復其本處衢昏末
曉陰遨失道慧鑑慈鐙佛日宵杲神光絢發玉璞金精山
中夜杌惕然震驚旃檀之林日惟爾鄰夜夢大士現宰官
身爾昧曷師惟慧惟覺盡契圓常得游極樂矧惟九峰飛
雲相望聆言此山　蛾眉之陽慨兮如存昔口斯口相彼越
入昔我攸牧梅在于闕梔在于噢珠瓔效異毫相絢曜礪

祗承陛銀黃拂楹夕鐙晨香祝我睿明皇心載嘉昭回下飾錫爾多慶徧于萬國灋卉曇華三千大千臣拜稽首天子萬年天龍按部以引以翼沙數有盡金堅無極　寶祐四年四月吉日記　張郎之書　案嘉靖志但錄銘詞記文無攷

芙蓉峰摩崖

四明山心　乾隆府志金石補遺八分書在四明芙蓉峰上四明山志方石高十丈闊一丈摩崖刻四明山心四字乃漢隸也

西嶺摩崖

過雲　四明山志自仗錫而北謂之雲北自雪竇而南謂之雲南西嶺乃南之始北之終故鐫丁此

巨石題字

三峽　四明山志巨石三級級高數十尺刻曰三峽

再來石　四明山志巨石數仞一隙可通往來上有題刻大字曰再來石小字則心經也

潺湲洞　四明山志西嶺之內有石刻潺湲洞三字潺湲洞今之白水宮是也此爲妄刻

中峰　沈明臣四明山遊記北有片石突起刻中峯字如斗大篆下刻經語楷徑寸蘚蝕不可讀矣

石窗　開慶　沈明臣四明山遊記稍西復有片石突起石背中穿仰瞰天見一線劃一石刻石窗字楷大小如中峰旁有款僅開慶字可見餘亦蘚蝕

永錫庵墓田碑　景定四年

乾隆志引萬歷志普濟寺之天王殿有永錫庵墓田碑時宋景定四年也道玘祖賢二僧爲其父母創庵割田以給僧有云與普濟院湖光共挹

高節書院碑記　咸淳七年

樂清劉黻聲伯撰里人何林茂遠書　文錄學校

餘姚縣學鄉飲敘　咸淳九年

孔子稱吾觀於鄉而知王道之易易蓋自古者井田以養之庠序以教之衣食既足漸摩有素一旦示之以齒序揖遜故孝弟之心有不期而自生後世言政而不及禮者固無望此或好禮矣儻不自政始則亦類墮於空文餘姚固名邑然已積二十年令無得善者則其施於民者可知矣雖有古人之禮在孰從而講諸三山陳侯維嘉始剔舊蠹而一新之休聲善聞日盛月新三年政成乃行鄉飲禮少長雍雍觀者悅服蓋必如陳侯之政而後禮可行焉耳推此也以往所謂王道之易易者其將庶幾乎慈谿黃震撰

餘姚縣重修儒學記　咸淳十年

黃震記

文錄學校

萬石橋題名

康熙志侍郎孫嶸叟建趙孟頫題

化安寺殘石

四明山志黃宗羲化安山詩古寺荆榛蔽舊蹊近來一字出新泥秦山鵞鼻無消息猶勝秦碑沒處稽原注山僧掘地得碎石中有院字乃古碑也

元

普濟寺捨產淨髮記至元六年

蓋聞浮屠氏之教祝除毛髮焚棄冠環帶裘以自絕於俗甚者入山林踐荆棘卧息虵虺袒裸霜雪或刲割屠劊焚燒烹煮以其肉飼烏鳥蚊蚋曾莫之恤彼學佛者必如是而後道可成乎何其自苦如是耶豈絕俗而後志益堅毀

體而後行益力歟然則釋氏於一身尚且視爲非有身外之物宜一切無所愛吝矣竊怪乎世之學佛者崇侈其宫室廣置其土田事有常規養有常具用有常費役有常僕凡所以爲身謀者動無不周視絶俗毀體以自苦者異矣今夫窮鄉僻壤寺之小者亦不下數十人而凡爲僧薙髮者必有常供實賴常賚以給之今普濟寺尚缺焉至元六年二月寺僧凱始慨然捨其山田若干畝於本寺以專償其費且伐石請記庶幾山田不至於湮没焉厥後聞者嚮應僧法恩等亦各捨田歸之常住以給公用先是僧供朼允慈所嘗捨者其數併刻諸石兹不書噫佛之道難矣苟能稍究生死之際樂深山絶世之居安菜根草果之素於

其身外俱無所有庶幾得佛之萬一焉或者託迹空門視常住爲已有瘠衆自肥以私已親曾不知其身且爲幻況肯捨私有以濟衆乎斯人之徒聞凱師之風亦可以少媿矣凱之志有可嘉者是不可以不記凱慈谿人嘗遊武林名山歸老普濟寺凡其所有皆捨之寺廟此其餘也鄉里咸稱爲湆謹好善者云　岑良卿撰

祠宇觀圖石刻　至元□年

四明山志一原建觀之圖一唐遷觀之圖道士毛永貞刻置白水觀

祕圖山題字

神禹祕圖　嘉靖志巖石陡處鐫曰神禹祕圖

義悅堂記　大德三年

嘉靖志在高節書院大德三年州守張德珪新之虞集撰記記不存

修姚江驛記 大德□年

乾隆通志引嘉靖志趙孟貫撰

廣濟寺記 泰定二年

乾隆通志引嘉靖志曇噩撰 文錄典祀附寺

監州脫脫公遺愛碑 泰定□年

嘉靖志遷陝西行臺御史民爲立遺愛碑碑燬於火復請史官歐陽玄爲文置之

通濟橋記 至順三年

乾隆通志引嘉靖志韓性記 文錄疆域附橋

重修善政橋記 至順□年

乾隆府志引嘉靖志韓性記 文錄疆域附橋 案卽俗稱黃山橋

重建餘姚州學宮記 後至元三年

乾隆府志引嘉靖志韓性記爲奉議大夫劉侯紹賢來知州事重建學宮立　文錄學校

海隄記 至正二年

陳旅記　文錄水利

海隄記

判官葉恆作石隄二萬一千二百一十有一尺完者都繼作石隄三千一十有四尺王沂記　文錄水利

經界圖記 至正四年

碑高八尺廣四尺分八列首列三十六行行二十一字又九行行二十四字次列至八列行數字數不等額篆七在治堂東壁

餘姚州經界圖記

周官司徒之職設載師掌任土之灋縣師掌邦國都鄙稍

甸郊里之地域均人掌力政至於遂人則以土地之圖經田野所以爲其民計者至深且遠自秦壞先王之遺阡陌旣開而天下不可得而治矣故孟子之論仁政必自經界始蓋謂是矣國朝之有天下四方之賦各因其舊至於治野之說有不暇詳延祐初下經理之令而郡縣並緣以厲民至有竊弄兵戈於草間者上下憂之遂不克竟豈非惜哉至正二年禮部侍郎泰不華公出守紹興思有以均其賦役謀於同僚亦皆曰然迺以餘姚州田賦未均屬同知州事劉侯顯治其事初大德四年是州嘗覈實田稅繼而籍燬於火執事於鄉里者往往增虧田畝之數變亂賦稅之實於是富而强者享其利而安處貧且弱者罄其家而

無告積弊蝟興莫此爲甚侯受檄以來出宿公宇日一還間太夫人起居而已晝夜悉心須髮爲白田一區印署盈尺之紙以與田主謂之烏由凡四十六萬餘枚田後易主有質劑無烏由不信也州民嘗以其所有田詭戶名至是懼有奪之者迺自陳繼是自陳者萬人或舊無糧今自實多至伍伯畝者至於消積久之爭者七千餘事侯開諭之無不感悟父子兄弟復還其天者蓋多有焉其站戶田迷而復歸者一萬七千二百二十餘畝俾得田之家助其役其畫田之形計其多寡以定其賦謂之流水不越之簿其所畫圖謂之魚鱗挨次之圖其各都田畝則又所謂兜簿者焉至於列其等第以備差徭則又所謂鼠尾冊者焉討

其凡六千二百五十餘帙綱目畢張如指諸掌侯既受代而上官挽留使竟其事然後去然其號令之行於下如始至官非有以服其心孰能臻此嗚呼侯之於其民可謂能爲之長慮卻顧者矣侯名輝字文大汴人嘗任風紀沉厚而精鍊蓋其少孤勇於植立故能堅善刻勵以成事功去是州而羽儀於天朝不遠矣屬余以使事至耆宿楊仲等請爲文刻之石使來者考諸至正四年六月既望經筵檢討危素記并書　翰林待制奉議大夫兼國史院編修官杜本篆蓋　比余來守餘姚士民爲言前同知州事劉侯文大覈田之政既而觀其版籍之繁條目之整亙深歎服余竊謂州縣之政莫難於賦役之均賦役之不均由戶籍

之不得其實也侯能爲之勤苦朝夕以成一州不朽之功後之人實嘉賴之侯又嘗撮其大要爲經界圖經筵檢討危公太樸爲文記其事於圖之顛士民嘗爲刻石歷三載而未底於成余乃與監州哇哇公世英其議率工以成之工既畢功遂立石於州治之下豈惟不泯劉侯之功實爲一州版籍之重非小補也至正九年歲次己丑十月既望

奉訓大夫紹興路餘姚州知州兼勸農事大梁郭文煜書

鄞徐仁口模刻　以上首列上林鄉二都某某鄉某都五字並橫書下直書塗頭田學院田養廉職田寺觀常住免糧田財賦田官田竈戶田站戶免糧田鋪兵免糧田民田畝步數各項另行今不備錄

梅川鄉二都　雲柯鄉三都　孝義鄉三都　開元鄉三都　東山鄉三都　蘭風鄉一都　以上次列上林鄉一都

梅川鄉一都　雲柯鄉二都　孝義鄉二都　東山鄉
二都　蘭風鄉二都以上三列　龍泉鄉二都　龍泉鄉一都
燭溪鄉一都　孝義鄉一都　開元鄉二都　蘭風鄉三
都以上四列　治山鄉一都　東北隅　餘姚州此三字徑二寸五分亦横書下
直書總計塗頭田五十一萬三千九百一十三畝二步半
學院并義廪田三千九百三十六畝三角五十二步半養
廉職田一千五百五十七畝一角三十四步半寺觀常住
免糧田一萬三百二十一畝二十一步半財賦田八千六
百三畝一角三步官田一萬六百六十七畝三十六步半
竈戶田四萬一千三十三畝一十一步站戶免糧田四萬
八百八十九畝一角五十七步鋪兵免糧田二千七百三
十六畝三十一步民田四十三萬四千四百六十八畝一
角五十五步半凡十行　西北隅　東山鄉一都以上五列　通德鄉二都
東南隅　西南隅　開元鄉一都以上六列　通德鄉三都
通德鄉一都　雙雁鄉一都　雙雁鄉二都　燭溪鄉

二都　燭溪鄉三都七列以上四明鄉三都　四明鄉二都

四明鄉一都　鳳亭鄉上八列以下闕

瑞柏堂記　至正□年

乾隆通志引嘉靖志

危素撰　文錄公廨

餘姚州官題名記　至正五年

餘姚故爲縣元貞元年始陞州今五十年歷任於是者姓氏歲月漫無紀錄余蓋嘗爲州判今以守令復來是州暇日乃與監州世英取舊牘次其先後而刻之石其歲月有不可考者闕之嗚呼當亡愛民之切不啻父母之於赤子湛恩深澤方藉守令而致之民故選舉旣嚴之官者又親加諴諭及命宰臣以宣其諄切之意焉而忍負之不以父

母斯民爲心如古循吏者乎詩不云乎嗟爾君子無恆安息靖共爾位好是正直神之聽之介爾景福文璟無以及斯言也書是與同志者勉之新安汪文璟記

修南雷廟碑銘　至正六年

撰人闕文錄典祀附廟

海塘記　至正七年

乾隆通志引嘉靖志汪文璟記文錄水利

重建高節書院記　至正七年

乾隆府志引嘉靖志金華胡助記文錄學校

思賢堂記　至正□年

子陵嚴先生歸窆故山歷千餘年松檟蒼蒼不改其色鄉

人復爲立廟唐建寺宋元則爲書院以淑士子縣官春秋修墓薦祭非思其賢安能若是粤自風教始衰奔競日起東都名節一掃而盡今治化修舉士習作新莫盛此時而馳騖利祿者尚滔滔焉書院獨處窮僻狐兔交跡厨傳蕭然居於此有不堪其憂諸生能自刻勵持簞操瓢相從於寥寞之濱恬然不以介意夫豈遠於人焉亦見中心所藏在乎此不在乎彼諸生誠能蚤夜以思就其如子陵者去其不如子陵者庶幾斯堂命名之義若夫憧憧往來朋從爾思懦忘立頑無恥有愧子陵多矣　清源卓彌高撰

餘姚州儒學增造記　至正九年

碑高四尺七寸廣二尺九寸正書十六行行三十九字八分四行行三十八字末三行正書額篆八　在大成門

至正八年冬十有一月新建成德養蒙二齋文會堂東西坊門凡八十有八楹既成會儒者及諸生以落之先是後至元丙子學燬於火幾盡知州王侯惟正案其舊規創而復之既而侯去繼其任者劉侯紹賢復爲兩齋重廊以環屬論堂禮殿之左右於是學制粗備然而朔望二丁之會主祭之官相禮之士雜遝廊廡無以爲期集更衣之所齋舍雖設隘陋淺逼不足以容學者況小學有師而大學弗置於教闕焉非所以長育人才大其所就之意也至正六年四月文璟始至州既視事首謁夫子廟時學正徐君雙老儒者趙君珪等爲余言之於是以衆所推鄭君彝趙君由浩主大小學事師道既立教養一新負笈而來者于于

也方議廣齋舍築賓館以大其規會令下權息土木之役越二年而至於今而克成也嗚呼古之學者陋巷環堵而講道不輟固未嘗以所居之崇卑動其心也然而頖宮之修舊八至形之歌頌蓋上之人鼓舞作興之意著於是焉況去隘陋而就寬敞其於藏修息游之所亦不得謂無助也然則是役也詎容已哉夫守令者民之師帥也昔之爲師帥者躬行於上以端其本任賢取友以輔其教而後治化成而風俗美若單父之彈琴武城之弦歌皆是物也文璟不敏豈能端本以稱師帥之任州之賢者幸而輔之庶幾誘掖作成觀感興起以無負國家崇化育才之美意而有以繼言宓二子之遺躅此區區之心也若夫潛心大業

孜孜不倦以要其成則誠有望於諸生之自勉云學正徐
君未獲以病去權其事者汪君發大學訓導鄭君亦以憂
去繼之者楊君璲是歲十有二月奉訓大夫紹興路餘姚
州知州兼勸農事汪文璟記　奉訓大夫紹興路餘姚州
知州兼勸農事郭文煜書　奉訓大夫紹興路餘姚州達
魯花赤兼勸農事哇哇篆蓋　往余客錢唐聞餘姚守汪
侯善爲州聲譽籍甚比以承乏之州教至餘姚則侯已滿代
深恨□□□□一日以承色笑之教也載瞻黌舍嚴飭齋
廡整潔弟子有師肅賓有所于此益知侯之□□□□
於學校者如此既而合觀侯所製增造記郎議摹刻而衆
皆翕然以從所命□□□□□□汪侯善政之在民心

要當百歲而不忘觀乎此者其亦有徵焉爾學正趙德□
謹誌　至正九年七月　日　儒人聞人世榮　莫奎
□□□　黃顴　吳仲　孫允恭　李□□　□□□
直學□樞　□□安　孫元愷　□□儀　趙文榮
□□□等立石

高節書院增地記　至正九年

州守郭文煜覈雲柯海濱地四百十六畝汝仇湖田四十五畝歸高節書院繁昌教諭宋信記　文錄學校

四明山銘　至正十年

越山之峰石穴玲瓏天欲雨浮雲蒙眞人上升遺木履潺湲古洞閒流水白鶴徘徊旂蓋戾止玉童采得靑檽子子能食之可不死史素作銘式告千禩　危素撰　四明山志

餘姚州儒學覈田記 至正十一年

碑高四尺七寸廣二尺九寸二十六行行四十字額篆八　在大成門西壁

餘姚州儒學覈田記　甬東孫元蒙撰　賜同進士出身將仕郎紹興路餘姚州判官傅常書　嘉議大夫祕書卿趙孟貫篆額　至正十一年冬十有一月丁未朔記　學正劉越　洎儒士趙珪黃景生汪焱吳仲孫允恭楊瑛劉文彬徐友德李世昌張文德李庚孫史華甫鄭大觀張文正王敬中張士敬張士唯王仲華盧復初立石　文錄學校

潛研堂金石跋尾右餘姚州儒學覈田記至正九年大梁郭文煜知餘姚州到官謁孔子廟耆老言縣故有田贍學歲久弊滋廩入不足乃擇儒士之公廉者分歷諸鄉案籍復舊又開原孝義二鄉有海漲塗田亭民久專其利文煜遣吏疆理之得二百四十一畝悉歸之學又有史華甫者捐田五十二畝由是養士有資甬東孫元蒙爲文記之州

判傳常書諸石常自署賜同進士出身未詳登
科年分　碑陰記舊管新收田地山蕩畝步數
高節書院記　至正十五年
姑熟陶安撰
文錄學校
從山普明寺碑記　至正□□年
黄溍撰文
錄典祀附寺
築城記　至正二十年
碑高八尺廣三尺八寸
二十八行行五十八字
餘姚州築城記　承事郎福建等處行中書省左右司都
事高明□文　中順大夫中書戸部尚書貢師泰書　中
奉大夫江浙等處行中書省參知政事周伯琦篆蓋　至
政二十年春二月既望役□宋天祥張士唯張信正華德

諲喻禱鄭行之潘奎胡宣孫從龍胡達道陳斗維孫麟龍
龔巨佐王祖瑞王文辛錢德魯元實陸瑞謝興岑吉何志
道翁忠李一之盧端明熊珪汪茂陸本方口等立石　四
明徐叔遜袁子成刻石　文錄城池

續蘭亭會圖石刻　至正二十年
碑高三尺八寸廣一尺九寸分四列首列圖次三四列各
三十一行行二十字額篆四　在學宮名宦祠之東壁

續蘭亭詩敘　江浙行省郎中天台劉仁本敘并書　江
浙行樞密院都事同郡謝理篆蓋　四明胡仲瑛刻　詩敘並錄

古蹟

乾隆府志仁本字德元天台人歷官江浙省左右司郎中
佐方國珍謀議後朱亮祖克溫州仁本被獲嘗方氏盛時
招延士大夫折節好文與中吳爭勝文人遺老如林彬薩
都剌輩咸往依焉至正庚子仁本治師會稽之餘姚州作

雩詠亭於龍泉左麓彷彿蘭亭景物集名士趙俶謝理朱右天台僧白雲以下四十二人修禊賦詩仁本爲之敘云

潛研堂金石文跋尾石續蘭亭會詩并敘餘姚邵吉士晉涵搨以遺余碑分四段最上一層爲圖水石竹樹極秀澗中有方池引以爲曲水者也池之上爲雩詠亭其中爲高風閣旁皆有題字次二層則劉仁本所爲敘三四層則諸人詩也敘稱修禊來會四十二人今所存者惟仁本以下十二人詩各二篇意當時本刻二碑而亡其一乎元帥方永名見敘中而詩失傳疑是國珍之羣從也明詩綜載諸人姓名惟蕭山教諭朱炯誤作諸絅當從石刻正之

白水觀記 至正二十二年

至治間余讀書信之龍虎山適里中朱貞一先生同館舍其門人毛君永貞執侍左右退則過余從容款洽既去隱餘姚山中聲迹邈不相聞後二十有八年其徒吳國琪來京師請銘其所居四明山始詢君無恙既敘而銘之又後一紀先生門人薛毅夫攜所刻此圖復請書其所未備於

是與君不相見者四十年矣顧余竊祿班行汨沒塵壒聞君飄然高舉於海岸孤絶之地志慮凝重無毛髮外求於世恆慕羨之所謂上虞令劉綱夫婦登眞隱者孔祐化錢療鹿唐玄宗遷祠宇陸魯望皮襲美倡和宋徽宗書洞天之牓建玉皇殿投金龍玉簡事此敘之所及者若乃舊祠宇之所見者有升仙山升仙木雲南雲北過雲會稽志謂謝遺塵隱於南雷今有大雷峰圖之所未有者觀圖有三台峰雲根石屋龍湫洗藥溪潺湲洞四明郡志則云東北百三十里涌爲二百八十峰中有三十六峰東西南北各有門由餘姚言之爲西四明則敘所未書者宋虛靜天師張公之門人吳眞陽學於龍虎之三華道院號曰混樸子

來遊是山徽宗以冉林郎凝神殿校籍召之不起封劉綱
升玄明義眞君其配樊夫人封升眞妙化元君丞相張魏
公與吳君門人朱孔容交表爲眞人孔容之後世以甲乙
傳次此亦叙所未書者也君構清暉亭於瀑布之下營石
田山房以自休息在余作銘之後其賦詠留山中唐白皮
陸之前有孟東野劉文房宋有謝師厚而下若干人迨國
朝黃文獻公而下若干人君又將刻而傳之案會稽志云
俗謂之白水宮又云有白水觀碑蓋祠宇觀宇義重復故
今嘗稱爲白水觀余得鄉貢進士番易徐勉之保越錄越
之禍亂極矣四明之山風塵不驚君優游其間甘食而安
寢古所謂武陵桃源者信有之矣故爲之記使與銘并刻

之君字善卿辯君字茂宏相其役者潘文信盛元樸許用和　至正二十二年三月丁未朔　危素撰

古靈書院記　至正二十二年

危素撰記　文錄學校

餘姚州興修儒學記　至正二十三年

劉仁本記　文錄學校

重修城隍廟記　至正二十五年

乾隆通志引嘉靖志前史官汪文璟撰　文錄典祀

永澤廟記　至正二十七年

乾隆通志引嘉靖志王至撰　文錄典祀

歷山摩崖

耕隱 康熙志山方廣僅數畝高尋丈許山陽石壁鐫耕隱二字 案元鄭彝隱於歷山嘗作後歷山賦此二字疑卿鄭彝書

歷山大龍潭摩崖 刻高九寸廣三尺八寸橫書四字字徑八寸

敬佛智慧

明

設科分教令式碑 洪武二年 嘉靖志

臥碑 嘉靖志係本朝頒降鐫在儒學

改建儒學門記 正統七年

嘉靖志靈星門之東爲儒學門教諭王懋改建懋自爲記

科第題名記　成化十八年

瓊臺邱濬撰成化壬寅冬十一月立石原石佚嘉靖重刻見後

贈少傅謝原廣神道碑　正德元年

碑高六尺廣二尺七寸二十五行行六十四字　在雞籠山

贈光祿大夫柱國少傅兼太子太傅禮部尚書武英殿大學士謝公神道碑銘

謝氏浙東著姓族大而且繁其源蓋皆出於晉太傅安安本河南陽夏人西晉末始遯會稽寓居其地之東山有重名仕東晉執其國柄官至太傅子孫因家焉厥後再徙台州之臨海其族亦大有諱深甫者仕趙宋位至丞相拜少

傳宋末又自臨海徙紹興之餘姚其所居偶亦名東山子孫今至數千百指而少傅公遷實生其族自成化乙未狀元累官至少傅兼太子太傅禮部尚書武英殿大學士一時勳望覗晉宋太傅少傅二公蓋不少讓焉正德初以聖天子嗣位推恩追贈三代其曾祖考處士誥贈光祿大夫柱國少傅兼太子太傅禮部尚書武英殿大學士妣嚴氏一品夫人時制得立碑神道少傅公因屬筆於余案狀贈少傅府君諱原原廣字原廣謝氏徙餘姚自長二始四世壽松五世回益六世見賢府君之曾祖祖父也俱隱德不仕世業耕讀安分守己於人無怨惡鄉閭豫是咸稱善門焉至府君爲人坦夷惇篤喜怒不形少壯一致尤有長厚之

稱比隣有無藉子肆爲橫逆睚眥之隙輒昏夜火人之廬畏之者如蛇虎府君朝夕與接一以信誼待之顧不敢少有所加未幾其人爲怨家所火闔門煨燼府君之舍與密邇風返火熄獨巋然無恙重府君者又咸以爲天道福善之徵府君少孤克自樹立與弟原度友愛殊至以其得子遲即以庶子璲子之後原度雖有子其子亦竟不返而友于之義彌篤自後孫支相承雖五服已盡而雍睦無少替親黨訖今頌之不衰皆自府君有以基之也府君之卒以正統壬戌十一月廿六日壽六十有九明年十月十二日葬其鄉湖南雞籠山之麓夫人嚴氏同邑望族家素殷厚初歸府君值生事稍落乃能以勤儉相承門內百口罔不

宜之天性慈仁稍聞傷人害物之事輒掩耳蹙頞避之尤好施予老而不倦遇有乞貸雖盡脫簪珥不吝其明於處事不惑邪妄有人所不能及者府君初葬湖南其子贈少傅公雅不信風水說里中術者恥其言不售乘閒肆爲危言冀夫人惑之而其子不敢違夫人即毅然斥之曰既葬矣庸可改邪其人慚而退後亦竟無他焉其卒以天順庚辰十一月十六日與府君合葬湖南明年之十二月初九日也子男三長瓊次瑩仕至福建布政司都事以孫貴貤贈官階如其父次珉女一適仕族陳禮孫男十有三浣濬恩以子貴累封右春坊右諭德官階之贈亦與其祖同溢滔瀚經緯綱紀綸纖純女四適汪勛諸參潘府胡鏜府仕

爲廣東提學副使餘皆仕族曾孫男三十有一邇遷郎少傳公道達選贈翰林院編修迅述吏部聽選官暹逈迷迪兵部員外郎遴巡逡遒廻通達遨遇迴迴迵迁運迋近适逸逕過女六宋采李潮韓鍊昊天德諸銑徐暘其壻也玄孫男女玉立不能盡載謝自周之中世申伯王舅始受封以國爲氏是後歷秦而漢而晉太傅安始顯于世趙宋少傅深甫繼之今少傅遷又繼之三公者之聲光宦業固偉然相望於千百載然其間積德累行以爲之先後蓋亦有人焉今贈少傅府君是已故特摭其事狀之可書者刻之神道俾凡爲謝氏之後者知其所本而系之詞曰謝國錫封爰自周季王舅之親茅土斯畀命氏以國子姓瓜分陳

留陽夏族望夙聞晉渡而東會稽是徙東山之族特振而起烏衣名巷或公或卿太傅雅望尤重蒼生臨海繼之丞相少傅餘姚復興益隆位邁公孤穹秩東朝載兼廟堂碩輔海內具瞻揆厥淵源可規可矩種德之深惟曾大父歛而未發肥遯邱園粹氣紆餘乃鍾聞孫錦誥貤恩光昭三世少傅之褒式酬先志湖南之原故冢崔嵬銘以貞石用示方來　賜進士出身特進光祿大夫左柱國少師兼太子太師吏部尚書華蓋殿大學士知制誥國史總裁知經筵事洛陽劉健撰　正德元年歲次丙寅夏五月吉旦立

山陰王廷珊鐫

贈少傅謝瑩神道碑　正德元年

碑高六尺四寸廣二尺八寸三十行行八十字在雞籠山

明故贈光祿大夫柱國少傅兼太子太傅禮部尚書武英殿大學士謝公神道碑銘

弘治己未先皇帝覃恩臣下今少傅謝公于喬之祖直菴公始贈資政大夫太子少保兵部尚書兼東閣大學士祖妣余氏贈夫人越六年乙丑今天子嗣位于喬以輔導功進今官及恭上兩宮尊號又獲以其官加贈祖爲光祿大夫柱國少傅兼太子太傅禮部尚書武英殿大學士祖妣爲一品夫人制得樹碑神道于喬乃自述事狀以屬東陽憶與于喬同在翰林入内閣稔聞公之志行才略卑官小試厄于横逆卒以終老暨其子柱國公之賢實克肖公然又弗顯而魁名重位正言直

道偉然以學行勳業顯于天下者乃於其孫見之向非抑遏屈鬱之久且深亦惡能一發至此哉是則天道慶善之公徵諸朝廷崇德報忠之典皆足以爲世勸文而銘之宜也案謝氏之先本台州臨海人宋季有行長二者從紹興餘姚之東山鄉高祖諱壽松曾祖諱回益祖諱見賢考諱原廣贈如公官公諱瑩字懷玉生而閎偉洞達孝友直義尤多聞識宜德庚戌浙江布政司辟爲從事長非其志也遇事敢言布政諸公多折節從之金華有妻避夫戍者法曹擬程遞赴邊公謂婦人不可辱徒隸乃責其服屬管送之山陰人詭避邊戍法曹并攝其闔門三十口公謂罪不及孥遣鄉人徑解之仙居人僞造布政印誣上虞人所爲

莫能白公參其路引亦僞印也其入始伏官造大紅文綺
三千疋費銀二萬兩時歲饑民困甚公請借夏稅絲充之
民用不擾此其可指數者也進隸兵部尚書鄺公野素嚴
重僚屬無當其意者凡章奏出公手則不覆視比旅試內
廷泯在常等鄺道公才行力爭之乃置優格授光祿寺珍
羞署丞奈侍郎享掌寺事挾中貴勢陵蔑官屬公每正色
拒之爲所搆陷吏部尚書王文端公知之乃調福建布政
司都事會沙賊鄧茂七作亂刑部尚書薛公希璉出鎮委
公軍餉先是輸費三倍且弗繼公收積水次召業舟者使
運之量予之直約有損則均其償皆樂爲用民不倍歛軍
食亦足承檄守松溪政和賊保官臺山爲犄介處州賊掠

平陽諸縣公以計招其黠者五人用其謀誅首惡宥其脅
從還所掠婦女童稚若干賊遂平又奏政和地廣難制請
割其二里及福安一隅置壽寧縣辯公上其功進祿二級
御史應顯薦公可大任吏部以資淺格不行適辯公劾巡
按御史許仕達併及其素不謹事許京居常與公鄰疑事
出于公中以危法大理卿蕭公維禎察其寃將爲申辯公
念日者言年四十六當口官歎曰命也不復自列既免歸
奉母嚴氏以居悉舉家政付其子徜徉山水間效仲長統
樂志論作寫情說以自況葺譜合族而賙其貧之教子孫
常口授經史及凡立身應事之方鄉人有過雖衆所憚者
必加面斥然聞一善則奬譽不釋口尤篤故舊布政使黃

澤在浙公嘗以諫忤後被罪力爲排解既而官其鄉尤厚待之參政俞士悅待公國士後謫戍遼陽屢遣使慰訪友人俞漢遠客死爲棺斂歸其喪嘗買一幼女既而知爲宦家子子育之比長爲嫁良族平生好學卷帙不去手爲詩文下筆立就多不存稿雅不喜浮屠凡世俗邪妄之說一無所惑自謂以剛直得禍因號直菴人亦以是稱之壽六十七嘗自制壽藏于雞籠山先墓之側成化癸巳九月二十九日卒再踰月而葬夫人余氏同鄉處士安之女溫懿端慤事舅姑孝敬備至處娣姒常倍任其勞公貧時恆以儉取足姑老不就蘇留養于家躬事紡績至老不倦其治家寬而有制爲教亦然羣從子姓數百指撫之甚周鄰黨

之葠婦病媪待哺者不下十數家有火警舍其家而來赴
者甚衆嘗遘危疾女婦多涕泣請禱願以身代至于逮下
之德尤爲姻族所慕效云壽七十六成化辛丑九月八日
卒越三月而合葬子一郎柱國公諱恩純行高識以禮經
名場屋久弗售後累封至右春坊諭德贈如公官女二出
側室孫氏長適廣東按察副使潘府次適胡鏜孫五于喬
其長名遷鄉貢廷試皆第一人口命至今官次選學成早
卒贈翰林院編修次迪舉進士今兵部員外郎清慎有父
風次逢次追皆早卒女一適韓鍊曾孫口長正次丕皆有
文行不失世守丕蔭國子生舉順天鄉貢第一進士及第
授翰林編修以祖命爲選後其所爲贈以此次豆亘至口

□□□□女五銘曰謝以國氏自周申伯歷漢中徵至晉
乃發蘇安暨玄將相勳閥有鄉東山公蓋其裔公曰無徵
第遠無僞公自作祖緯有餘地公才實多可貢可科直不
徇物竟嬰禍羅人不足尤天其謂何公家有教公子惟肖
載塤弗宜天稔其報巍巍公門公有聞孫出應世瑞爲鳳
爲麟上補帝衮爲龍爲山志行道施有澤在人風采凝峻
蔚爲名臣茲固閒氣亦惟慶源其源維何公自作祖世茍
有濟豈必在我贈官賜秩視祖如父計功報直亦固其所
發潛闡幽于義斯可刻銘神道以耀終古　光祿大夫柱
國少傅兼太子太傅戶部尚書謹身殿大學士知制誥同
知經筵事國史總裁長沙李東陽撰　正德元年歲次丙

寅夏五月吉旦立　山陰王廷珊鐫

銀杏山莊記　正德□年

胡東皋撰

文錄古蹟

城隍廟贍田碑　正德七年

乾隆通志引嘉靖志嚴

時泰撰　文錄典祀

嚴先生墓題字　正德八年

漢徵士嚴先之墓　嘉靖志正德八年紹

興同知屈銓立石

毛忠襄公祠堂碑　正德九年

乾隆通志引嘉靖志倪

宗正撰　文錄典祀

貞烈祠碑　正德九年

碑高四尺八寸廣二尺四寸十三行行二十六字在石

巍橋本祠乾隆通志引嘉靖志倪宗正撰　文錄典祀

古鏡銘

光運忠扶日月心感天揚思忠獨難寒天不世内靖斯以

昭明乾隆志叢談孫公燧初至江西治廨舍得古鏡背刻二十四字字畫奇怪觀者多不識後公殉難好古者以意辨之　案孫公巡撫江西在正德十年鏡出土當即此時銘詞難曉疑有誤釋

半間亭記　正德十年

縣治後故有瑞蓮池其上有橋正德十年知縣劉守達搆亭於橋之北阜名曰半間守達自爲記　文録公廨

祭忠臺題字

刻高二尺八寸廣一尺字徑九寸

祭忠臺　陽明山人書

瑞雲樓記

乾隆志引萬歷志樓在龍泉山北王文成守仁生於此公父華名樓曰瑞雲湛文簡若水爲之記

剡湖題字

剡湖古蹟 四明山志黃宗羲化安山詩剡湖曾是宋名郵故老云亡孰討論猶喜霜風吹不盡尚留玉箸在藤門原注有剡湖古蹟四字爲祕圖山人楊珂書

祠宇觀橋題字

醉臥石 乾隆志引通志文苑楊珂傳祠宇觀側石橋時爲暴漲所壞珂書醉臥石三字於上水亦迂道避之

孫忠烈公祠堂碑 嘉靖二年

乾隆通志引嘉靖志黃芳撰文祿典祀

敬一箴碑 嘉靖九年

五箴解碑 嘉靖九年

嘉靖志嘉靖九年作七箴碑亭於明倫堂北刻敬一箴五箴解凡七碑

趙先生故里碑 嘉靖九年

碑高八尺廣二尺三寸直書八字字徑尺　在鳳亭鄉馮村

明故古遺先生故里

謝文正公神道碑　嘉靖十年

碑高六尺六寸廣三尺三寸四十八行行一百二字額篆八　在杏山麓

明故光祿大夫柱國少傅兼太子太傅戶部尚書謹身殿大學士進階特進光祿大夫左柱國贈太傅謚文正木齋謝公神道碑銘　賜進士及第光祿大夫柱國少師兼太子太師吏部尚書華蓋殿大學士知制誥經筵國史總裁鉛山費宏撰　賜進士及第掌詹事府事資善大夫禮部尚書兼翰林院學士經筵日講官崑山顧鼎臣書　賜進士及第通議大夫禮部左侍郎兼翰林院侍講學士經筵

講官濮陽李廷相篆　孝宗敬皇帝臨御十有八年敬天
法祖任賢使能中國乂安四夷賓服其繼體守成治化之
美上媲聖祖駕軼帝王一時輔臣則有若太師晦菴劉文
靖公西涯李文正公太傅木齋謝文正公至與聖朝將終
始明良相值于斯爲盛孝宗上賓預受顧命逮事武宗功
成身退率歸于正若夫里居二十餘年再蒙召用遐壽令
終子孫振振克紹世美若木齋公者又二公所不逮也嗚
呼休哉公且卒謂其子中書舍人正太常少卿兼侍讀丕
曰神道之碑必屬費君蓋館閣舊人惟費君尚在其知予
之詳亦莫費君若也二君遵公治命遣其曾孫敏行持公
門人倪君本端所爲狀造予廬而請焉予素辱公愛誠加

公言詎不忍辭案狀謝氏之先出河南陽夏太傅文靖公
安顯于東晉遂寓會稽後徙台之臨海而少傅丞相惠正
公深甫又顯于南宋其行長二處士者則自臨海徙餘姚
之始祖也五傳而至見賢見賢生原廣原廣生瑩號直菴
仕終福建布政司都事瑩生恩號簡菴則公之高曾祖考
也自原廣而下俱以公貴累贈少傅兼太子太傅禮部尚
書武英殿大學士曾祖妣嚴氏祖妣余氏妣鄒氏俱累贈
一品夫人正統己巳十二月十八日甫遷新居而公生直
菴公因以爲公名後字之曰于喬學者稱爲木齋先生直
菴在閩治盜多開釋無辜人謂其必有後及公生而聰慧
異常年數歲屬對即有奇句且志趣不凡皆以遠大期之

且曰他日名位視晉太傅宋少傅蓋不多讓況當天下全
盛之時其勳烈之隆殆將過之也成化甲午鄉試爲第一
人乙未會試爲第三人廷試爲一甲第一人授翰林院修
撰奉詔入館進學勤而且謙爲諸元老所重御史某縣陞
都憲臺中循例請公爲文以賀峻拒之衆遂知公正直不
可妄干矣辛丑同考禮部一甲三人其二皆公所取士也
人咸服其精鑑焉癸卯冬滿九載陞右春坊右諭德甲辰
再同考禮部孝宗皇帝毓德春宮愼簡侍從首及公乙巳
充經筵講官丁未孝宗登極推恩宮僚陞左春坊左庶子
兼翰林院侍讀仍加俸一級初開經筵奉敕爲日講官與
修憲廟實錄內侍郭鏞者請選妃嬪以備六宮公言上方

諒陰豈宜有此侯山陵既畢徐議之未晩也命禮部議如
公言口方勤學公務積誠以開悟聖聰每先期輒焚香莊
誦如侍天顏及當講敷暢詳明甚稱上意庚戌以省親請
上嘉其孝聽給驛往且賜金帛爲道里費辛亥實錄成陞
詹事府少詹事兼翰林院侍講學士加俸如前冬十月母
鄒宜人卒癸丑簡菴公又卒訃聞皆蒙特恩賜葬祭蓋上
念公春宮舊臣且在講筵眷注甚切思有以柄用之矣乙
卯春詔以本官入閣辦事時猶未終喪八月服闋赴京疏
辭不允且陞詹事兼秩如舊蓋皇太子將出閣讀書欲重
儲端之任故以輔臣領之也丙辰命主會試所取多知名
士是歲果有鶴袍犀帶之賜丁巳敕修大明會典爲總裁

官戊午春皇太子出閣奉敕陞太子少保兵部尚書東閣大學士公因上疏以親賢遠佞勤學戒逸爲皇太子勸上嘉納之清寧宮災上疏請修人事以應天變詞甚剴切且引咎避位不允己未賜一品服太監李廣死欲例加恩典公力陳其不可辛酉虜犯大同上爲之旰食公疏安邊機宜以進上即行之本兵負虞軍興或乏欲加南方折銀每石三之二公曰先朝以官田税至重故立折銀以寛之今若再加民不堪命矣盍節用以紓之乎虜騎尋遁國用不乏其事遂寢時視朝稍晏諸司章奏或有不報者兼以工役頻繁公累言之皆見采納且有玉帶蟒衣之賜癸亥會典成陞太子太保禮部尚書武英殿大學士武岡蠻寇平

賜俘奴十八甲子以災異再乞避位不允孝口太后崩禮臣預擬與孝口太后並祔太廟公請命集衆議以正典禮尋別立奉慈殿以祀之時承平既久政漸寬弛而近習怙侈尤甚有齋玄者奉使武口欲載激濁揚清便宜行事等語于敕中遼東守將張天祥妄殺冒賞近倖欲曲庇之公皆執不可至觸聖怒不卹也內府各庫及諸倉場馬坊泚事內臣多作奸索賂民不勝其害而御馬監軍士自以禁旅不隸本兵虛名冗食莫敢誰何其弊尤甚一日忽召對命通行禁約且令所部搜剔弊端嚴立條科有犯者必懲不貸皆從公之請也公知上圖治甚切委任甚隆思盡革諸弊以肅政化若軍匠之曠缺戸口之衰耗以及屯田鹽

法馬政等事將漸次修舉而宮車晏駕矣憂世者有遺恨焉時乙丑五月上大漸召至御榻執公等手諭之曰朕在位十八載惟卿等數人皆與朕相知朕今弗興弗瘳其善輔嗣君嗣君聰明仁慈口勸之進學無忘朕今日之命也公等悲慟而退武廟登極敕加少傅兼太子太傅餘秩如舊纂修孝廟實錄充總裁官初開經筵賜冠帶衣履蓋追念先帝遺命付託之重待公等甚厚但近習口政漸不可長戶部尚書韓忠定公率百官伏闕論始賴公等主張於內將置諸犯于法會事頗泄遂不克公等皆不能安於位矣十月一再引疾乞休遂允之賜敕給驛月廩五石歲隸八名仍賜金幣襲衣公等既去吏部尚書焦芳入閣而太

監劉瑾擅柄于內芳急于倖進憾公嘗舉王文恪吳文定二公而不及己瑾又以公等先嘗裁抑其黨及今廷論之故尤切齒焉二人乃深相結納欲甘心於公因遣偵卒四出伺察公事竟無所得會鄉人有以賢良應薦者瑾謂遺詔格以爲公嘗與劉公俱褫職又矯旨令公弟武選員外郎迪致仕子編修丕除名且欲追奪公誥敕會瑾敗而止公之去位也臺諫交章奏留皆逮繫詔獄備遭慘毒至死不悔亦可見天理之在人心不容泯滅矣公既歸瑾意叵測人皆危之公曰天祐皇明我當無他不見劉元成之事乎處之裕如日與客圍棊賦詩以自娛若不知有憂患者歲嘗大饑出粟以賙貧乏族黨鄉閭賴之祠堂成每旦必

具衣冠率子孫焚香恭謁忌辰必茹素祭物豐潔其儀一遵文公家禮俾世守焉庚午璉詠詔復職致仕乙巳□□□□臺諫連疏薦公遣行人齎敕存問復官廩輿隸如舊而增其數焉武選君□爲參議編修復任翰林公遣正入謝温旨褒答蔭爲中書舍人時徐夫人卒正乞終制仍賜祭葬如例癸未復令有司時加存問丁亥二月遣行人陳侃齎敕起公于家且命□□□某敦請上道□□□□□□□進戶部尚書謹身殿大學士初宏以衰病將乞休嘗具疏□□□□去而遂菴楊公又以公薦意若虛元佐以遜公者天下皆相慶公復入而賢遂菴之能讓及公至京而遂菴以官視公爲尊不肯處公之下乃竟違初志輿論

遂少遷菴□□□□□□□□□公在舟中嘗具二疏大意以安靜寬厚爲本及入朝自度衰年甚難□□乃求生還遂不果上然上之待公則甚隆嘗以天寒免朝參以除夕賜御製諸詩郊祀賜錦織大帶以疾在告遣太醫視藥餌遣中官賜□□少閒則遣鴻臚卿□□□□而公竟以疾辭上察公誠懇特從所請諸恩澤視前□厚□中書正奉旨護送以歸少卿丕亦欲請行公曰汝方侍月講豈可郵其私宜盡心職業勿以我爲念也公歸適生玄孫五世相見人以爲難己丑九月病頗亟寓書□子以不及見爲恨會中書以疾請告少卿亦侍母還相見甚歡疾遂愈又明年辛卯二月十八日考終于正寢享年八十有三訃聞

上震悼輟視朝一日贈太傅謚文正遣官諭祭者九遣工部主事羅餘慶治葬事葬以是年冬十二月十有八日墓在杏山之麓與徐夫人合夫人出同邑口口巨族處士諱旻之女賢淑可範累受一品之封子男六長郎中書舍人老成博雅無忝世休方以翰墨供奉內閣次郎少卿以進士及第入翰林累今官德望文學推重于時可以繼公之相業爲公仲弟于五公後次口中書舍人次亘左軍都督府經歷爲公季弟方伯石崖後次至次堲皆國子生女二長適提學副使馮公蘭之子汝材次適都御史朱公口之子惟昭孫男十八長用木贈尚寶司司丞次用梲用楷用楨用梅用栻蔭國子生用楫用木用木用櫝用棖用木用

用　用樞用模用柱用構女十口曾孫男一郎敏行尙寶司司丞女一玄孫男一女一公器宇豐厚風神秀朗見者知其爲壽俊元臣其忠誠端慤始終不渝所謂清白之操百鍊愈精剛毅之氣萬人必往誠如聖諭也其學以明義理爲先其文正大溫厚口口口琢可以垂之不朽在內閣時劉公敢於任事而資公之謀斷李公長于爲文而資公之典則公可否其間不阿不激同寅協恭所以輔成盛治者端在是也宏在翰林侍公最久凡此皆身親見之倏忽數十載矣赫赫如前日事感今思昔惟口口口口口口口口口植荒落莫能闡公之休美姑敘述大都俾刻于石而繫以銘銘曰天惟純佑命我皇明至于孝宗口口守成

任賢圖治日惟勵精□□□□二三名卿公起南服魁于
大廷□學青宮久屬聖情遂膺簡擢作□股肱惟□篤棐
竭其忠誠裁抑倖濫百度惟貞十有八年顧命是承爰輔
嗣皇明勵亶乘成功弗居高舉㝠㝠宜登瀛經□禱是攖
天人□□□困而亨今皇紹統□□□更乃遣救使存問
于庭恩施稠疊□□□舁安車□□□□□衡公年□□
□□寵榮令德眉壽□□完名亦有哲嗣克紹芳馨如呂
如范競爽同升杏山之原歸然佳城帝有卹恩賁于泉扃
崇碑峩峩顯刻茲銘惟德不匱惟賢可徵後千百祀□澤
雲礽

餘姚縣志卷十六金石上終

光緒重修

餘姚縣志卷十六

金石下

明

考祥亭記 嘉靖十四年

知縣顧存仁更名半閒亭曰考祥自爲記 文錄公廨

餘姚縣學教官題名記 嘉靖十九年

維皇建極稽古右文自國都以至邦邑咸立學宮聯以師儒吾姚師儒之設舊矣然而未始題名也毘陵葉君以府判暫握姚符一日率弟子員游學宮登明倫堂詢人摭跡攷昔效古則毅然曰茲非有司者之責耶乃索籍自洪武庚戌迄今得教諭許泰而下若干人訓導趙宜生而下若

于人礱石刻名處左以待來者揭之堂壁而屬記于予予聞古先哲王留情教學以德行道藝造士而興賢者能者其柄綜領于師儒先民有言曰師儒不立則天下無正學雖有土地富貴治利族任何所恃以相繫是必得賢師儒凝範肅樂弘敷典彝之大推明教化之端則士服訓章崇德藝教行而不悖化流而無滯風俗純美邦家奠安其不然者反是矧吾姚髦士名卿肩斯踵接不惟藝文英華溢海內風節忠勳往往爲國楨幹教休無斁咸出學宮則師儒之職關係尤重比來師儒宦迹所及覩聞者炤灼具在其所弗知詢諸閭里長老猶能記憶人品高下學術張弛興廢得失如辨黑白不爽也名勒于石雖止纂書姓氏爵

里歲月然如裘之挈領無弗舉者矣後之君子日升斯堂顧斯名鑒觀前人罔弗悚焉懼惕惕焉省勸勉而懲戒之踐猷修紀爲士作程俾濟濟祁祁出爲世用者舉足以信今而傳後益彰吾姚人才之盛光映簡册聲馳不朽則是石也實寓砥礪之道豈細故也哉葉君名金治吾姚敷月愷悌宜民百度釐飭茲舉直其一事云　賜進士及第翰林院編修文林郎校錄列聖御文五經諸史邑人孫陞撰

科第題名第一碑　嘉靖十九年

碑高四尺七寸廣二尺六寸首列高二尺二十九行行二十九字又六行行三十三字題名凡十列　在明倫堂

餘姚縣學科第題名記

科目之制興而世之所重者在進士故所在學宮輒礱石

紀之而餘姚獨闕焉羅山胡瀛孟登知是縣歎曰餘姚爲兩浙壯邑入皇朝百有餘年浙以東士以文魁天下者五人而二人者乃是邑之產辛丑三魁邑又得其二焉而瀛適承乏其地獲覩盛美紀載於石以補遺闕固吾職也因礱碑具其事白郡守浮梁戴君琥請記於予而其邑人張參議琳實以書來致君之請予惟姚士見於傳記者自漢嚴光始厥後由科名發身於宋若顧臨陳橐胡沂孫子秀唐震諸公輩節義文章煥然溢于史冊其他雜見於傳記者不可勝書名世之士何其盛哉逮我聖朝科貢之制視昔加隆而尤注意於遴魁之選姚士魁天下者又復甲於海內其見爲世用而光昭冊簡又安知其不與臨輩媲美

也哉斯固科第之所以重攷論觀法俾功業流而垂聲名於無窮者有司題名學宫之意也　賜進士第嘉議大夫禮部右侍郎掌國子監事前翰林院學士兼國史經筵官瑣臺巨濬撰　嘉靖庚子夏予假令餘姚謁廟學攷論科第自弘治壬子以來者旣立石題其名而請少宰謝公爲之記是年以後嘗有題名石文莊邛公實記之顧漫滅不可讀可讀處又多舛謬甚非勸勵後來之意乃恐攷正重刻之自弘武庚戌訖弘治庚戌凡鄉試二十又七廷試二十又九貢士二百二十又三人進士一百又九人是爲明興以來餘姚科第第一碑其少宰所記者爲第二碑云

紹興府通判毘陵葉金記後

科第題名第二碑 嘉靖十九年

碑高四尺七寸廣二尺七寸首列高二尺三十行行二十五字題名凡十列 在明倫堂

餘姚縣儒學續科第題名碑記

科第題名碑成化間謝公建邱公記之始洪武庚戌科訖弘治庚戌科餘未有續之者嘉靖庚子夏紹興府通判葉君來攝縣事送諸弟子員就學視舊碑歎曰是可闕乎致仕提學副使楊君從而贊曰老成如在諸弟子固宜有所式矧君攝事未浹月百廢具新而甘澍若期飛蝗應禱尤爲美異是舉特緒餘耳亟成之何如葉君曰諾立命工礱石續自弘治壬子科迄嘉靖庚子科碑告成請予記之予慨近時有司惟以簿書期會爲急視文事漠然若不相關

者葉君是舉匪直重文事耳足徵無閒於隱顯交儆有裨於後先甚盛心也予乃作而言曰嗟乎士君子有志於天下國家要以風節爲本風節一渝則雖文足以華國勳足以匡時終亦澌盡而已吾姚人物以子陵先生爲稱首清風高節遠並伯夷當時之所謂文章勳業乃其能事但不屑爲耳嘗攷讖切侯霸數語崇獎仁義鄙薄阿諛凜然士君子立身行道之大閑如舉其所不屑試一爲之恐非後世科第之英可以拜下風者姚人藉先生爲重而亦每以是取忌於時恆曰姚之人姚之人若無一可人意者自漢以來率多樹立志乘可攷姑以近事觀之江右之變凡號爲搢紳者咸首鼠求容之不暇而死難戡亂卒皆歸於姚

人然則姚之人抑何負於天下國家而舉世瞋目猶且不免謂之何哉登名斯石者隱顯後先尙互以風節自礪俾文章勳業因而不朽以無愧先生之鄉人時之忌不忌弗與焉是又予之所厚望而不容已於言者也葉君名金常之武進人楊君名撫邑人咸慕先生而興起者教諭王君諫訓導毛君仲麟劉君邦才愼贊厥成法得附書 賜進士及第通議大夫吏部左侍郎兼翰林院學士經筵日講官同修國史會典邑人謝丕撰

葉侯興造記 嘉靖二十年

乾隆通志引嘉靖志楊撫安世記

盧州同知顧公墓表 嘉靖二十六年

碑高五尺四寸廣三尺二十四行行四十七字　在烏戎山

明廬州府同知贈通議大夫都察院右副都御史似齋顧公墓表　賜進士及第奉直大夫司經局洗馬前翰林院侍講編修經筵講官校正歷朝寶訓實錄同修會典宋史廬陵歐陽衢撰文　賜進士出身資善大夫正治上卿吏部尚書四明聞淵書丹　賜進士出身資善大夫刑部尚書四明屠僑篆額　嗟乎損益盈虛之理天也亦人也天定勝人人定亦能勝天矣予讀似齋顧公誌銘而有見於天人之際焉公浙之餘姚人蔭累世之庥自幼穎敏純懿先從伯父驌學禮經繼遊督陝西學政邵公文盛之門師資自得充然益裕人咸以發解之望弘治甲子太常楊公

月湖主浙試事奇其文列之亞魁自是文譽籍籍執經問難者日衆若工侍蔣君淦屠君楷兵部郎鄭君琬俱出其門凡先後登庸者三十有餘人人咸以大魁之望屢舉於禮部無成正德辛巳授大名府通判殫心職務得其渠魁脅從罔治盜賊屏跡河南巨寇王堂擁衆流劫鄰省公扼其北渡境內帖然澶滑一路瀕河岸崩公攝治其事用力少而成功多至今隄防賴以不決口滑民饑公捐俸煮粥通商運粟多所全活歷任七年撫按疏薦者七禮勸者四十有餘人咸以超遷京秩藩臬之望既而升廬州府同知甫三月以內艱奔歸越二年遂卒若是者天固難諶人無所與焉者矣然而仲子德伸君承家學舉進士歷官刑部

正德間以諫巡幸忤□□□□死不悔世稱其忠其守惠州遷蕭臯公廉明恕所在有聲民懷其惠其陟都憲提督南贛汀漳等四省兵務威德懋著鼠竊不發廷以爲能且擢之南刑侍先是贈公中大夫廣西布政司右參政及今改贈通議大夫都察院右副都御史蓋異數也矧公在大名則名宦祀之在餘姚則鄉賢祠之且螽斯麟趾振振疊見若是者非天其孰能使之非人事盡而天理見歟非損益盈虛之理天人之際自有參伍錯綜於其間歟又聞公居太學敘次當上選但逾日即得聞父澹菴公寢疾亟告歸司成楓山章公留之不可師友稱焉既而以大名考最贈澹菴公如其官母應封太安人祖母汪老疾夙夜左右

親嘗湯藥弟蕙莅早世二婦俱有節操諷有司聞於上旌其門是皆人倫天道之大者則其所以受身後之澤不亦宜乎予固備著之益以信人事之不可不修而天道之不可誣云　嘉靖丁未春正月吉　不肖男同安縣儒學訓導道南京刑部右侍郎遂太學生逵立石　吳郡章簡甫刻

學田記　嘉靖二十七年

碑高四尺八寸廣二尺六寸二十一行行四十三字額篆六　在大成門西

餘姚縣學田記　賜進士出身前禮科都給事中亞中大夫廣東布政使司右參政致仕石峰管見撰　賜進士出身中順大夫奉敕提督學校河南按察司副使前江西審

錄翁大立書　禮部儀制司儲員外郎致仕茅山謝正篆

嘉靖戊申孟夏立石　邑人夏憲刻文錄學校

又碑陰記

高廣尺寸見前分四列行數字數不等

紹興府餘姚縣爲議助學田事據本縣東南隅六里致仕通判許岳今立捨田文契爲因久淹學宮曾有捨建之願垂老薄宦此心未酬倩懇將本戶民田二坵計一十二畝三分坐落鳳亭二都十二里九堡畈王字號田內一坵土名上渢坐西半片計四畝一分東至共號田西至行路南至本戶田北至下渢田佃戶阮朝七一坵土名下渢計八畝二分東至楊二毛徐一鶚田西至本戶田南至上渢坵

本戶田北至夏大戶田佃戶洪道遠四至分明今情愿將此田捨送本縣儒學永爲學院公用自捨之後任從本學管業收租納糧並無上下兄弟子姪爭執等事係出情愿並無憣悔等情寫立文契於本年二月初三日呈送本縣據此爲照各府州縣儒學多有學田年收租穀以助公用之費本學惟無深爲缺典今口本官捨田是誠不忘斯文之源獲遂學院之贍就縣帖差老人施朋并該圖口長顧暹陳通甫等前去捨田處所會同里鄰人等踏勘四至相同畫訖圖式并將四畝一分召令近田人戶阮朝七租種每年實抱鄉斗租穀八石二斗其八畝二分係諸文華租種實抱租穀鄉斗一十六石四斗俱於秋成送學收納取

各結狀呈縣前來合就發學管業爲此除將原捨文契粘
發外牒仰本學照依牒文事卽將前項田畝照契管業年
收租穀永爲學院之費仍照數輸納糧□收頓租穀毋令
奸人侵匿抱種之人不許拖延負賴如違呈來究治俟下
界造冊另行議處歸收毋得違錯不便須至牒者　右牒
本縣儒學　嘉靖二十七年三月初三日　牒押　以上首列

東南隅六里致仕通判許岳今立捨田文契爲因久淹學
宮曾有捨建之願垂老薄宦此心未酬情愿將本戶民田
二坵計一十二畝三分坐落鳳亭二都十二里九堡畈壬
字號田內一坵土名上濔坐西半片計四畝一分東至共
號田西至路南至本戶田北至下濔田佃戶阮朝七一坵

土名下渢計八畝二分東至徐田西至官田南至上渢前田北至夏知縣田佃戸洪道遠四至分明今情愿將此田捨送本縣儒學永爲學院公用自捨之後任從本學收租納糧並無上下兄弟子姪□□爭執等事係出情愿並無懵悔今恐無憑立此捨田文契爲照　嘉靖二十七年二月□□日立捨田契人許岳　中見人許安　許貴　許遜　許應科以上次列

西北隅立契人項二爲故父在日因急切潮患佃得勝歸山廟地山一畝二分五釐今蒙查理判令出價銀十兩情愿將祖遺在戸民田一坵計二畝正坐落五里牌界堰畈田東至項德田西至自己田南至閘邦信田北至管會甫田四至分明抵價十兩正其田永遠歸

官收租公用立此文契爲照　其田原係燭溪一都黃成
十三租種其穀四石正　嘉靖二十七年五月初八日立
契人項二　西北隅項二因故父在日佃得勝歸山廟基
今蒙重判價銀十兩已將祖遺民田二畝歸官底價差人
勘得不足今復將原田合片內再加五分永遠歸官公用
其四至俱在前契不重立契爲照　嘉靖二十七年五月
二十九日立契人項二以上三列　餘姚縣開元三都住人黃益
今立賣田文契將自己置到鳳亭二都三里土名七寶畈
民田一坵計有伍畝七分秋糧照科東至行路南至賣主
田西至馬十二田北至行路四至分明爲缺用今因本
縣義處學田益情愿將前田絕賣在官付學收租公用憑

中議定價銀貳拾壹兩正其田自賣之後永遠管業並無
諸般違碍實是正行交易後遇收會即便過割令恐無憑
立此賣田文契爲照　嘉靖二十七年五月二十日立契
人黃益　中人吳十一　以上四列

復勝歸山形勝碑　嘉靖二十七年

碑高五尺一寸廣二尺六寸二十三行
行六十一字額篆八　在大成門東

光復勝歸山形勝記　賜進士中順大夫湖廣按察司副
使前奉敕提督直隸學校河南道監察御史北江聞人詮
撰　賜進士出身前禮科都給事中廣東布政司右參政
致仕石峰管見書　禮部儀制司儲員外郎致仕茅山謝
正篆　古者天子祭天地諸侯祭封内山川謂各以其主

也是故天地不位則天子不得其職山崩川竭則諸侯不得其職務修德以禳之古之道也猶之爲天變而人從之也吾姚山川擅兩浙之勝稱雄越都右諸侯之國雖秦列郡縣而疆理如故山則豐治孕天姥之瓌奇川則舜蕙滙咸池之潮汐地靈人傑代不乏人我侯來茲率皆名碩山川得所主矣其曰勝歸山者在治西北三里許晉劉牢之擊孫恩取勝歸屯因以立名矗立豐治之中屏障北海兀嵂崮嵬形巋鄉遂蜿蜒迤邐脈引邑城實吾姚巨鎮一邑主山巖巖維石民所具瞻姦民眡其堅白可以貨居鳩工伐毀宛如崩墜識者愍焉憲廟以來侯於邦者輒計阻塞多方而弗就君子曰山則崩矣侯誰主之泰山不旅季氏

勝歸其岌岌乎袖手旁觀咸罔攸措嘉靖丁未夏六月梅林胡侯補任吾邑輿節初彌禋祀孔修衆喜山川能得所主勝歸之毀將必完焉里胥亟詞具呈侯郎申告于縉紳者舊因言不腆忝主山川於茲土諗知勝歸之毀厲階羣工雖非天變而實主者不職之咎君子之知不徧物急先務也與其厲法而徒煩禁令孰若究其原而本之是圖乃諏山爲生員毛弘元等業產憑學師喻之以義捐俸餘倍其值而償之計凡九十金毛生感于義而喜得倍利磬山五十畝具書契以歸君子曰未有上好義而其事不終者也侯之澤惠吾邑于是爲無窮矣已而邑人郡守龍川王子正思以近北山宕六畝具書契以歸而辭其值二守兩

泉史子鵷以又北石宕一具書契以歸而辭其值艮民詹
惟曾等以西面山宕二畝具書契以歸而贖辜焉數百年
睨勢規利之場一旦復爲聖世無疆之業重建勝歸山廟
于山崥而靈神得妥補塞其罅漏而天湖天池宛若天成
巖突洞房夷嵕亭搆望氛承祀勝冠一方豪匠狡工斂迹
遠遁不令而人自輯穢冢牿牛非急先務而得其要領其
孰能與於此哉侯之潔己奉公持法正事經理海暵而民
勞永卹督捕海寇而民命獲全善政宜民未可悉數也嘗
觀世之令邑者以祀典爲虛文而山川崩潰漫不加省間
有知所用心而不得其肯綮呼號張皇民奸益滋寧有若
今日之安戢底平不勞餘力而奸豪斂迹遠近向義者哉

祀典聿修人神胥悅朱子曰天子祭天地諸侯祭山川大夫祭五祀皆是自家精神抵當得過方能感召殆深知修德致禳之義矣睠茲光復山岩重修祀典實埽除千百年艱阻之害而垂億萬載無疆之休覩昔□梁拜芾勞瘁罔庸不啻霄壤故宜備勒貞珉以垂不朽繼侯來茲當必終始相成恒較畫一苟有倚勢玩愒復圖侵伐者必置諸刑戮使不齒於善類庶茲山之靈垂休有永而精神萃合應地無疆矣百世以俟聖人而不惑後之君子其深念之侯名宗憲字汝欽梅林其別號以進士起家益都令歙之績溪人也其先有康惠公者位司徒上卿緯有士望而諸昆曰松宗明者時皆爲大中丞科第蟬聯勳名彪炳淵源所

漸蓋有自焉　嘉靖二十七年歲在戊申春正月上元日立石

又碑陰記

高廣尺寸見前分三列行數字數不等

昔者旦營洛邑周歷過焉何作關輔漢業隆焉尼應禱而孔父生嶽降靈而甫申出神禹奠山川羲和欽歷象古今聖明賢達知三才脗合之理一氣感通之道天文地理人事每相參焉我邑侯歙郡梅林胡君廉威公明治邑期年政通人和上感天心歲豐時稔邑治乾首鎮山肇名勝歸鑱石棼亂幾至崩圮神人不寧侯心惻惻耆舊興詞即日捐俸贖毛氏山五十畝周度郊原鳩工窒補山有明禁神

人以安正思從大夫之後明農於家置有石洞廣袤數畝附茲山麓今樂侯盛舉願輸之官列樹表封以昭鑒戒輔成我侯之美胡君文學政事稱古循良志存周漢上遡義禹其深仁厚澤可謂有大造於吾姚者矣用紀碑陰副諸名山以垂不朽　賜進士中順大夫知建寧府事邑人龍川王正思撰　嘉靖二十七年戊申正月吉旦立以上第一列

吾姚風水忌傷石山前此莅官茲土者屢嘗禁之而不能止以禁之不得其術也何者風水關係一邑石山則一家之私也以一邑之故而欲奪一家之利其勢誠亦難矣此所以屢禁屢犯而不能止也吾侯梅林胡父母先生大人下車以來未幾年而政通人和以石山之在吾姚關係甚

重且知前此者禁之未得其術也乃捐薪馬俸餘銀若干兩與毛氏官買此山丈量明白建立疆界樹碑於縣著爲明禁永不許開山取石此其爲吾姚者其心何如也獨毛氏之山已禁而他所復開則非所以成侯之美而侯之心終有未安者鵷有山一所□□毛氏乃市之王謝二氏者内有石穴三處鵷自經買之後頗□義利輕重之辨不待侯之令而已先禁之矣但恐後之人不能遵守其害猶未已也鵷情愿將石穴三處歸官明禁倘有開掘取石者即以官法治之其餘山并山内樹木鵷宜自行經管不在所禁之内或曰世業無常前山更易者不知幾山主汝能固爲己有而永禁之耶鵷曰不然山主誠更易不□□天理

之在人心者則固不以古今而有異又安知後之得此山者其心遽異於我耶用書數語歸官附卷使後之人果小人耶則畏法度而知所警果君子耶則畏公議而有所忌庶幾永爾厥禍而侯之德亦永有辭於後世且俾後之愛吾姚如吾侯者有所考云　嘉靖戊申春正月前同知廣信府事邑人史鶚頓首拜書以上第二列

燭溪二都毛調元等原有祖遺石山壹大片名爲勝歸山其山正當縣後累年取石鑿毀有碍觀瞻今憑衆議賣爲官山週圍共計伍拾畝叁分又山脚地叁畝叁分叁釐捌毫除山田叁片一畝柒分肆釐叁毫不賣外共計價銀玖拾兩一時給領完足永爲官業其糧税並不干預賣主之事今恐無憑立此文

契爲照　嘉靖貳拾柒年正月十一日賣山地人毛調元
毛應元　生員毛弘元　毛繼元　儒學教諭楊伯元
訓導諸應潮　李士龍　見賣　治中伯毛文炳　舉
人叔毛夢龍　爲中　立賣契人魯惟曾等原有祖遺勝
歸山背石穴一所約計貳畝東至山峯西至魯植魯楫南
至魯植魯楫等山北至王仲學山四至分明因坐縣後累
年取石多致損傷風水有碍觀瞻當憑公論官給價銀貳
兩一併領足入官收管並無退悔亦無門房干預等情今
恐無憑立此親筆賣契永遠爲□　嘉靖二十六年十二
月二十七日賣石穴人魯惟曾　魯惟藩　同賣人魯惟
湻　魯惟沛　魯惟洪　男□□　魯莫乙　魯莫三

魯莫十二　儒學教諭楊伯元　訓導諸應潮　李士龍
見賣　生員嚴曉　陳子龍　爲中　燭溪一都一里
陳廷佐有續置東北隅王伯敬收戸民山壹片名爲勝歸
山其山正當縣後山係毛調元先賣石宕邊有礙觀瞻今
憑衆議賣爲官山計陸畝正東至賣主笆爲界西至口大
人山爲界南至官山爲界北至溪坑爲界四至分明計價
銀陸兩正其銀一時領足永爲官山今恐無憑立此賣山
文契爲照　嘉靖二十七年二月廿三日賣山人陳廷佐
契　同立契男陳二十　以上第三列

趙先生祠碑　嘉靖二十九年
碑高五尺六寸廣二尺九寸二十八
行行六十字額篆九　在寺衕本祠

□□古趙先生祠碑文　□進士出身奉敕督理學政中憲大夫湖廣按察司副使後學二檀楊撫譔　後學祕圖遯吏楊珂書丹　賜同進士出身中大夫湖廣布政司右參政前奉敕提督廣東學校按察司副使南京吏科給事中紫墩陳塏篆額　古者鄉先生殁而祀之於社與也亦以示勸也是故司教化者罔不於此加之意焉若吾鄉攷古趙先生蓋其人矣先生名古則字摀謙因薦者言易名謙□秦悼魏王十二世孫也六世祖諱公坦扈從高宗南渡遂家餘姚之鳴山先生當勝國時築室鳴山日與四方學者講求伊闓之學上泝□□夜則潛思□□晝則端坐微吟若將終焉逮我太祖高皇帝混一海宇大興文教□□

英雋有司以先生應先生乃□然起曰聖人□□□利見之辰也□所業抵京師與修正韻□以年少黜□□□都國子典簿未幾罷歸益大肆力於學志益苦氣益壯於世故濟如也一時經生學士□□□□若宋濂解縉侯庸章莫□□□之有□復以辟□授瓊山教諭此我高皇帝欲老其才而用之且以海外初習王化邊徼木鐸非先生不可□先生至瓊倡鳴文教夷俗丕變於是始有□□□□及卒於官海南人尸祝之迄於今稱曰趙夫子云嘉靖歲丁未西蜀篤齋湯侯以德安治最改令吾越崇教化獎廉節弔舜禹之遺蹟搜巖谷之墜典曰若有不足焉者二稽□□放舟緒山凌天柱以□肅侯□遂□然見之嘗謂

民休戚以及吾姚人物之表表者余將據典以對侯乃曰元宋以前史册可□□近時豪傑耳目□□能及者請□□示之耳余曰姚之士□□□□代弗之乏若吾攷古趙翁之著述文正謝翁之相業忠襄毛翁忠烈孫翁之節義陽明王翁之理學得非吾姚之表表者□侯曰文正以下數翁嘗獲展其祠而禮之□□之私庶其慰矣若趙翁者吾嘗見其歷代帝王有圖譜有讚造化經綸有圖學有範宮氏續史有斷□□□□□武王器物有續戒銘□□□□□□□□□聲音文字通童蒙集有句正轉有音晷字學有淵源字疑有會要書有同文南游有紀詠集攷古有集□□□□□□足以嗣續併圖而鄉之□□□□

尚闕

口典也口遂口縣口口祀縣令淺口顧侯承芳覈其實貝典以白於御史臺吉水周公汝員允詳專祠口口口於邑之西南隅得建初廢寺口址南北口口丈東西七十餘丈命先生之口口孫寬督工建祠題曰攷古趙先生祠中爲享堂凡五楹後爲寢堂凡五楹口右爲廂房前爲門凡三楹口口口而門榱口口毘陵誠齋葉侯金以判府來視姚篆謁而傷之亟撤廢署之材俾完厥美復白諸御史臺應山傅公鳳翔口口以守之有司歲時舉之如口迄庚戌之春繼津王侯遂以口口進士理刑於越按部及姚倡率教化欲舉廢墜姚之人翁如也事少暇徧謁鄉之祠見其祠宇傾損乃歎曰攷古名在朝野師口古今始厥祀而弗

終厥美得非有司之責乎郎捐俸作新且屬言於余以紀之嗚呼是典也非篤齋何以口其始非誠齋何以美厥終非繼津又何以彰諸公之美而埀之無窮耶遂檃括祠之顚末鐫諸石以告來者俾知所自云　賜進士出身文林郎紹興府推官署餘姚縣事霸州繼津王遴　廸功郎縣丞羅鈇　登仕郎主簿張恩　典史李鍾　儒學教諭李時雍　訓導諸應潮李士龍　嘉靖二十九年歲在庚戌夏六月二日甲子建立

修學記　嘉靖三十年

碑高四尺四寸廣二尺四寸二十行行四十九字額篆六　在大成門西

餘姚縣修學記　賜進士湖廣布政使司右參政前奉敕

提督學校廣東按察司副使邑人紫墩陳塏撰　禮部儀制司儲員外郎致仕茅山謝正篆　鄉貢進士餘姚縣儒學教諭南寧齊東李時雍書　嘉靖三十年辛亥歲夏五月　賜進士第知餘姚縣事淸源鄭存仁　縣丞羅鈇　主簿張恩　典史李鍾　立石　邑人夏憲夏恕刻　文錄學校

賀墅堰碑　嘉靖□□年

嘉靖季年湖廣道監察御史邑人徐九臯捐貲修葺遺碑巋然獨存　案此碑見知縣陶雲升修賀墅堰記其撰書人未詳

築江南城記　嘉靖三十九年

碑高七尺二寸廣三尺四寸二十二行行六十二字額篆六　在大成門

餘姚縣新城記　賜進士及第光祿大夫柱國少傅兼太

子太傅吏部尚書武英殿大學士知制誥華亭徐階撰
賜進士及第資政大夫南京禮部尚書前國子祭酒吏部
左侍郎邑人孫陞書　賜進士出身嘉議大夫都察院右
副都御史奉敕總理糧儲提督軍務兼巡撫應天等府地
方邑人翁大立篆　嘉靖歲次庚申七月之吉　欽差總
督浙直福建等處軍務兼巡撫浙江地方太子太保兵部
尚書兼都察院右都御史胡宗憲　餘姚縣知縣徐養相
立石文錄城池

李公生祠記　嘉靖三十九年
碑高七尺廣三尺三寸二十行行五
十九字額篆九　在龍泉山本祠
少保南渠李公生祠記　賜進士及第通議大夫太子賓

客禮部右侍郎兼翰林院學士慈谿袁煒撰　賜進士及第資政大夫南京禮部尚書前國子祭酒吏部左侍郎邑人孫陞書　賜進士出身嘉議大夫都察院右副都御史奉敕總理糧儲提督軍務兼巡撫應天等府地方邑人翁大立篆　嘉靖三十九年歲次庚申夏五月吉文錄典祀

嚴先生祠碑　嘉靖四十年

碑高五尺八寸廣二尺八寸十七行行四十九字額篆七　在龍泉山本祠

重修嚴先生祠記

嚴先生祠者在縣治西南之隅所謂龍泉山是也山層巒疊巘東黃山白竺西豐山峨嵋南四明雁嶺北勝歸治山森布拱衛而先生之祠屹然在山之上峰面抱江流潮汐

奔湃蓋邑之獨擅云先生諱光本姓莊以顯宗之諱改今
姓而子陵其字也當漢祚再炎建武物色披裘垂釣隱於
富陽雖立纁屢聘幸館共卧而故人不屈耄年以老葬於
客星後之思慕先生者桐江有祠富春有祠三衢有祠浙
之東西皆有祠而姚之祠則肇先生避新之難嘗於元始
二年卜居茲山焉故景其風聲則其軌範而祠宇聿建在
唐曰嚴公廟在東北之嚴公山後因墓而徙于靈瑞逮宋
咸淳廟制益宏置山長一人領祠事元因之入國朝稍改
其舊弘治中大參周公木始立祠靈緒山顛今上初服邑
侯邱公養浩徙於千佛閣之左即龍泉山寺未幾又爲有
力者移置今址祠遂湫隘於是邑侯顧公存仁葺治之迄

今又復二十餘載矣傾圯荒頹雖祀典無缺而廟貌勿飭有識之士咸共傷焉歲在庚申之秋余來署篆登龍山之陽拜先生之祠儼然撫歎嗟乎昔范文正公守嚴搆祠而奠有羊裘軒清風閣高節亭客星堂七里煙霞嚴灘釣磯復其後者四家以奉祀事矧吾姚又先生維桑之地雖庸人俗子猶識其名而顧一奪於有力一廢於有司豈其道有二耶時也世風殊科人情集詬其於先生之風蓋操戈而入室者宜於先生之祠遂廢而不修此亦可以觀世矣成小人也築室壺蘭雅懷歸志仰止先生實切余衷爰命工鳩葺規制一新礦階百武堂楹門垣皆更始焉迄工於辛酉之春而先生之靈亦可以少妥矣祠鄰於謝文正孫

忠烈王陽明三公之祠而今之元老二翁書院亦在是山殊勳碩德後先駢美龍山之名可不朽矣董其事則典史何頤灌陽人縣丞江東鳴主簿汪溯俱徽人皆預有勞焉例得書　嘉靖辛酉歲春三月之望後學閩中莆陽林仰成撰并書

贈少保李改神道碑　嘉靖四十年

碑高七尺廣三尺二十四行行五十九字在東石山渡

明贈光祿大夫柱國少保兼太子太傅禮部尙書武英殿大學士李公神道碑銘　特進光祿大夫柱國少師兼太子太師吏部尙書華蓋殿大學士知制誥國史總裁□□□□撰　特進光祿大夫柱國太傅兼太子太師成國公

掌後軍都督府事前提督神機五軍十二團營諸軍總兵官奉詔內直懷遠朱希忠篆　賜進士第榮祿大夫少保兼太子太保兵部尚書兼都察院右都御史奉敕總督浙直福建江西等處軍務兼巡撫浙江地方新安胡宗憲書

李公既卒且葬三十年餘矣以子少傅公貴初贈翰林院檢討累贈至光祿大夫柱國少保兼太子太傅禮部尚書武英殿大學士而今年公配封太夫人楊氏卒訃聞天子卹典有加賜葬賜祭仍並祭于公蓋公沈晦于昔始發于今可謂炳炳章顯光大矣初公之葬未有銘少傅公有惻怛之懷焉至是以官贈一品制得樹碑隧道而少傅丁太夫人憂還乃以隧首之文屬使追銘之誼不得辭謹案公

諱改字正之其先姓吕氏世爲沐人而徙居餘姚則自宋末萬十二府君始洪武初更定圖籍誤以吕爲李遂因之爲李姓諱原實者其高祖也曾祖諱友直祖諱公珍父諱懋公身長七尺美鬚髯神采特秀自少精三禮之學工詞翰博覽羣籍於陰陽醫卜無不究心顧以疾廢舉子業就郡掾史兢兢奉法不茍而所爲率利人之事居無幾輒慨然曰吾何能爲斗粟浼耶乃歸侍二親以色養爲悦處母弟友愛篤至寸銖尺帛不私蓄其敦倫植本若此性曠達喜賓客談宴衎衎如也嘗自號醉夢居士與人交不立町畦咸樂親之太傅謝文正公致政還數邀致觴詠鼓琴日不離側迄今李謝稱通家好也公先娶俞氏早卒繼娶今

太夫人楊氏楊邑舊族年十四歸公即能執婦道內政明肅雖極貴不服紈綺少傅公所奉金錢卒以賙宗□親□之貧者焉公生天順甲申六月初五日其卒也以嘉靖乙酉冬十二月二十一日享年六十有二太夫人生成化甲辰二月十七日卒以嘉靖辛酉五月十日年七十有八子男四長即少傅本次禾早世次樂南京太醫院院判次采中書舍人孫男十三元允俱中書舍人見錦衣衛百戶兖後軍都督府都事兒中書舍人堯國子生冠魁宛充竟旭晃孫女五人長歸都指揮僉事管海次許□宋居楊秉直次陳鑣今侍郎陞之子也曾孫男五人憲□□□□嘗觀夫自古閭巷之士蓄德深厚處晦樂潛身雖不及其榮

其後必昌以大葢天道福佑善人不可誣也余與少傅公
同寮宗公以閎才邃學輔今聖天子宣德弘化澤被生民
旣博且弘矣而霖雨舟楫之用尙□□有待未艾焉李公
德厚慶積之貽詎不有徵哉故系之銘曰古有達人傲睨
一世傑然瑰奇混迹塵□是謂公乎□□居士公有令□
隱□□仕□□而昌乃顯其嗣積久發遲碩大以侈如泉
有源孰見其止刻銘豐碑以告千祀

勝歸山碑 嘉靖四十年

修復勝歸山記 賜進士光祿大夫柱國少傅兼太子太
傅禮部尙書武英殿大學士知制誥會典總裁李本譔
賜進士奉議大夫廣東布政司右參政前禮科都給事中

侍經筵講官管見書　賜進士中憲大夫貴州按察司副
使奉詔侍養前湖廣道監察御史徐九皋篆
勝歸山在餘姚邑治北數里世傳晉劉牢之勝孫恩歸屯
師於此因以名其山若乃龍蓯茀鬱盤薄而峛施若屏若
翼爲邑後蔽者茲山尤稱奇勝山故產良石以其沒民閒
二三耆姓因擅以爲利凡邑之爲宮室碑坊之具者無一
求而不往焉鑿深而穴廣往往崖崩岸圻嶔嵜飲砑者非
一日矣嘉靖丁未夏今宮保大司馬梅林胡公以名進士
來令吾邑越明年政通惠洽乃下令禁伐者已又以爲山
故民閒物人情見利而忘害故禁之未必止卽刑之不仁
於是捐資令民售之官民喜得直無不踴躍用命及士大

夫山有連者亦皆奉務焉相與塞坎堙谷遂巋然如昔矣公自爲文記其事後十年公奉聖天子命督撫浙直提兵海上往來餘姚暇復一登茲山則向之封者愈固呵者益嚴草樹茂而丰茸密巘華峰色交暎車幰公囅然而喜也吾邑士大夫從公遊者以書告予曰始梅林公復茲山也予欲爲之記今適一紀而磨石久虛可乎予惟古之爲邑者必擇山川形勝之區使其襟抱迴合故民人得以安焉若蜿蜒後峙乃地脈所自發者堪輿家尤重之吾邑治據祕圖山勝歸實其宗祖云而其完固陁𣸣關一邑之安否有識者能言之非細故也在公欲奠安吾邑之民人宜無急於此者予嘗念公之治吾邑所欲與聚所惡勿施其措

覺興革即古之循良何以加諸至于今吾邑感公者千萬人一心頌公者千萬人一口奚獨復兹山之事而已今公以文武之才節制江南諸路擁百萬師爲國家驅逐倭寇保安數千里生靈其感之頌之又豈惟姚人爾也數歲倭寇猖獗獨吾邑城内外無犯旣而公廓清海氛封鯨鯢以爲京觀還歙至山下吾邑士民莫不簞食壺漿欣欣相迎而言曰昔公復兹山意實安我而今果然也則勝歸之記又若有待於今者乃知兹山因公而名益著矣孫劉之事何足道哉　明嘉靖辛酉夏四月望日祕圖山人楊珂摹丹入石

勝歸山摩崖　嘉靖四十年

胡公巖　嘉靖辛　案胡公巖三大字橫鐫石壁上旁有小字一行惟嘉靖辛三字可識攷修復記當在辛酉歲

王學博去思碑　嘉靖四十一年

碑高四尺八寸廣二尺八寸十六行行四十五字額篆十　在大成門東壁

學博檢齋王先生去思記　賜進士出身嘉議大夫都察院右副都御史奉敕總理糧儲提督軍務兼巡撫南畿應天等府地方見海翁大立撰　賜進士出身通議大夫兩京工部左侍郎食二品俸致仕前奉敕視陝西學政提督江西閩廣四省軍務總督漕運兼理河道鹽法巡撫鳳陽等處都察院右副都御史見二龔輝書　賜進士大中大夫湖廣布政使司右參政前奉敕提督學校廣東按察司

副使紫墩陳塏篆

郡邑長吏功德在民既去而民思之則有去思碑以著遺愛若學諭而有去思自檢齋王君始君諱錄字子威松江華亭人少著文聲前年會試下第時君已卒業太學即不爲京朝官亦當爲令長顧詣銓曹請爲教職銓曹嘉其志注選吾姚至則循謹雅飭有長者之風視諸生若家人父子之親諄諄誨掖未嘗捃人細過而冥頑者惟恐君知故士皆以通經學古爲賢浮靡奔競爲恥君之功也或曰是亦能舉其職矣然何以見思予曰君有不可及者二君與師相存齋徐公學憲中方范公皆姻友徐公嘗督學浙中注意吾邑故選君來會范公又以督學臨其土此君力田

不如逢年時也君顧退然若不勝衣絕不言徐范二公爲
姻友此不可及者一行業旣著當路交奬宜有徵書晉君
顯秩今顧量移爲嘉興路教授殆與初選時請爲教職其
意則同此不可及者二然則君之教人以通經學古爲賢
浮靡奔競爲恥以身教之矣人能已於思哉友人邵君烈
徐君允成輩來言樹碑事乃知君有去思以此　嘉靖壬
戌之秋九月旣望立石　教諭　莊天恩　訓導　李允
濟　許道　生員七百餘人同立
前寧紹參將南塘戚公生祠記嘉靖□□年
翁大立撰
文祿與祀
諸孺人墓志銘　嘉靖四十四年

碑高三尺八寸廣二尺十六行行三十四字額篆八在勝歸山

明故先妻敏惠諸孺人墓志銘　緒山居士錢德洪撰

嘉靖甲子年十二月十六日葬我妻敏惠諸孺人及長子應度次子婦王氏墓在勝歸□□□屏風下人字岡表忠世廟後壠也嗚呼敏惠之沒哭冢子也而不知身沒之後又□子婦同窆也應度沒後喪其長女王氏沒後喪其季子五年之內五喪相仍維茲卜兆三喪並舉且同穴也使我以垂老之年臨之將何以爲情耶造化脗茫無心相値入我以無何有之鄉示我以未始有生之始其死若夢其生若覺覺夢代禪晝夜相錯誰毀而成孰悲而樂惟吾良知超生出死爲萬物紀歷千載而無今昨吾又烏能以爾

動吾之衷齪齪索索爲訾爲啃也乎哉敏惠姓諸氏生于開元鄉之舊族其才且賢嘗爲狀其略矣應度幼篤聞道早輔吾學同遊日親臨沒有悟齋志而往子曰人元爲吾父心漁公嫡曾孫也王氏吾交子應樂妻錦衣紫溪先生王正憲女吾師陽明夫子長孫女也能承家學執婦道生子人宗人會繼娶趙氏生子人官人英葬敏惠虛其左壙以須吾息應度左附虛左壙從其妻蔡氏請也銘曰敏惠之沒身殉子死一日三窆我心曷已造化無心孰興孰圯視爾無生我生亦寄爾寧其歸我慎生理爾窆我銘我作爾止順天之休與道終始子孫仍仍庶延爾遐祉　嘉靖四十四年正月吉旦　孝男錢應樂孫人元立

後瑞雲樓記
錢德洪撰
文錄古蹟
壽江釣舍記
張佳胤撰
文錄古蹟
呂氏祭田記　隆慶元年
九世孫元書撰
在雙雁鄉瑞蓮畈
重修儒學記　隆慶三年
碑高七尺二寸廣三尺六寸二十五
行行六十七字額篆八　在大成門
重修餘姚縣儒學記　光祿大夫柱國少傅兼太子太傅
禮部尚書武英殿大學士邑人李本撰　通議大夫總理
河道前巡撫應天等府山東等處都察院右副都御史邑

人翁大立書　嘉議大夫大理寺卿前巡撫貴州兼制川東湖北等處都察院右副都御史邑人趙錦篆　隆慶三年己巳季夏之吉　餘姚縣知縣鄧林喬立石文錄學校

碧霞宮碑　隆慶六年

碑高三尺二寸廣一尺七寸二十二行行四十二字額篆七　在羅壁山

泰山元君行祠碑　承德郎禮部祠祭清吏司主事前奉命典掌誥敕同侍經筵日講兩充冊封副使邑人呂元撰　開國翊運守正文臣資善大夫前奉敕提督操江掌南京左右前後督府事護軍誠意伯青田劉世延篆　鄉進士邑人倪章書　隆慶壬申仲秋吉旦立石　吳人吳應口刻文錄典祀附廟

餘姚縣學田記 萬歷三年

陳有年撰

文錄學校

王文成遺像碑 萬歷三年

冠帶袍笏立像 萬歷乙亥仲冬吉旦姪子王□□□□

龍山之萬鈞軒

倪文節公故祠碑 萬歷三年

碑高五尺八寸廣二尺八寸直書十字 在西北隅

禮部侍郎倪文節公故祠 皇明萬歷三年乙亥正月吉

知餘姚縣李時成立

李侯去思碑 萬歷三年

碑高四尺七寸廣三尺二十一行行三十三字額篆九 在龍泉山西南

邑侯李父母去思碑記　賜進士第資善大夫南京禮部
尚書見海翁大立撰文　賜進士第資善大夫南京刑部
尚書麟陽趙錦篆額　舉人倪章書丹
吾姚古州治戶口蕃息國初版籍今仍如故但千年更造
丁產出入八易爲姦磨刮竄易大都爲然侯釐其弊親鞫
萬姓於庭限地刻期里遞戶甲咸至籍籍紛更聽其自願
吏唱手書不旬月而圖格定洶洶人情偃焉帖息雖宿姦
刀筆弊無由生姚之糧稅往無重征自倭夷絡繹兵餉漸
廣雜辦繁劇倍於額賦多一時督責不勝訴求侯則酌其
緩急標名易知用一緩二人人樂輸歲額俱集視前之逋
負十無其一姚地黌宮年久圮塌間有時加葺治以無常

課而止侯謀永圖濱海廢湖量爲佃納取其値爲繕理貢
廟貌煥新又增置學田繼修閔艾復憫黔首之無歸者計
公用餘買地而葬此皆前人未有也若事至剖分不留信
宿廉介勵節無煩坊里德政之難盡名者人心自不磨耳
甲戌入覲考治行最賜大烹錫金綺去年四月内臺遴簡
侯獨首召士民借寇不可得若離襁褓隕心如刈恍然慕
惕然思徬徨萬態非文可擬燠日陽春則思侯之膏養譽
髦多士則思侯之振育居不改井戸不易地則思侯之安
集力畚而有餘粟蠶繅而有餘帛則思侯催科之寬假思
之不已求其有所託邑弟子員有朱相輝胡伯順錢臣等
盟心首倡託思於石余聞之馳文以紀其略邑有賢父母

陳公紹光芳躅煩諸君請命而行侯諱時成辛未進士楚
黃人　萬歷四年九月朔　賜進士第文林郎知餘姚縣
事陳口縣丞余用中主簿馬元齡典史梅守儉儒學教諭
譚大始訓導張瀚周邦新　少卿謝敏行　知府邵德久
大學士呂本　司務管州　參政陳塏　知府金蕃陳
堯盧璘　郎中葉選　參議谷鍾秀　副使宋大勺　院
判呂樂　吳敬口　知州黃尙質　郎中孫坊　參政翁
時器　僉事陳成甫　中書吳來　署丞口口　御史任
春元　葉之盛　知縣張翊元　韓蓉　署正魏乾亨
主事呂兌　知府呂允　主事呂元　通判陳鐸　管府
龔修　盧中　龔口　經歷龔位　序班鄭調元　鄉

賓錢德周　推官葉遵　□官葉□　呂燿　舉人史自
上　錢應斗　宋可久　錢應樂　徐廷□　顧燮　邵
桯　邵夢桝　朱士貴　錢立誠　監生呂□　盧□翰
顧亥　任泰元　龔撰　陳暨　錢應乾　俞伯龍
呂冠　呂堯　生員朱守道　張讃　史櫝　呂夢暘
俞楠　朱士麒　錢應量　聞人德器　陳懷忠　鄒交
桂　朱士鰲　錢應□　吳養志　管大益　聞人德音
樓應麟　聞人羔　盧儲　徐廷□　徐夢祥　徐大
麟　陳觀瀾　張諮　毛祖庚　錢嗣善　聞人蓋　葉
逢蕃　朱雲鵬　吳文榮　史嗣魁　汪東　黃學孟
錢應禮　朱文元　高允中　潘廷翰　葉以圭　張錦

夏梯　徐銓　門人倪拱堯　胡鏊　閘人德進　姚
孟澂　張訪　鄒恢　鄒□　吳□　朱□　蔡□　吏
員□□□　鐫人□□
樂志園記　萬歷三年
顧鯨撰
文錄古蹟
靈緒山武安王廟碑　萬歷七年
碑高五尺六寸廣三尺二十五行行
五十六字額篆八在龍泉山西麓
餘姚靈緒山重建武安王廟碑　賜進士出身資政大夫
南京兵部尚書參贊機務前南京禮工二部尚書侍經筵
邑人翁大立撰　賜進士出身中大夫光祿寺卿前吏兵
二部郎中提督四夷館太常少卿詹黃通政邑人孫鑨書

賜進士出身翰林院編修文林郎纂修會典實錄兼起
居注經筵展書邑人史鉶篆　萬歷七年歲在己卯三月
吉 文錄典祀

翁氏祠堂碑　萬歷七年

碑高五尺四寸廣二尺五寸十
六行行四十八字　在小凰山

統宗堂記

記曰君子將營宮室宗廟爲先宗廟者匪徒尊祖敬宗亦以收族也伏念始祖錫田公仕宋爲浙東提督鈐轄兵馬軍民指揮使蓋自方臘倡亂罷安撫使更設是職統軍兼撫民語在會稽志公初駐節姚江也前設教場後爲開府今之教場衖者以公得名墓在雙雁鄉南黃山別墅在治

山鄉翁家園龍泉鄉兵馬司縣其歲時徘徊瞻眺則在里中大小凰山公雖在行閒詩書不輟子諱□實以明經仕爲慈谿教諭入國朝諱德延者舉進士授行人司司正謫戍廣西而子孫遂諱宦達然青衿士猶斌斌也正德壬申族衆斬巨木浮江而下溺死若干人其後遂多外徙或中絶嘉靖閒立與婞時器始振式微起家進士並公故宅中舊跡公精神所注在吾兩人矣報本之謂何乃以嘉靖己未即小凰山建祠三楹兩翼室前爲月臺臺下列梔嘉木又前爲儀門門外鑿月池池前樹以綽楔置祀田若干畝歲以上元日春祀張燈中元日秋嘗獻新稻日長至月朔望則爇香燃膏閒薦時食子姓俊髦者讀書翼室中有過

者罰跪階下署其名曰統宗堂門曰翁山世廟翁山從始封也或曰桐湖南有漢家令公廟湖東有隋祭酒公塚廟前柏塚上松皆千百年物矣君今置此兩公不祠而祠錫田公者何居立曰按譜系皆吾祖也第恐信贗譜冒華宗貽譏有識小凰山亦有虯松如畫相傳錫田公手植立於松之南葬吾祖松之下葬吾父而又建祠于其東南則是山也祖宗樹櫝之鄉子孫恭桑之地也嗚呼宗廟之中未施敬而民敬墟墓之閒未施哀而民哀矧爲子若孫而陟斯山也仰斯松也謁斯祠墓也可無孝思云乎哉

萬歷七年三月吉　賜進士出身資政大夫南京兵部尚書奉敕參贊機務前南京禮工二部尚書九世孫大立頓

首撰　賜進士出身亞中大夫福建布政司左參政前奉
敕整飭淮安徐州等處兵備十世孫時器頓首書

重建武安王廟碑記　萬歷口年

呂本撰文錄典祀附廟

浩然亭記　萬歷口年

翁大立撰文錄典祀附廟

武安王廟事實碑　萬歷十年

重刱武安王廟事實碑記　皇明萬歷壬午季春穀旦
八十叟鄉賓錢德周薰沐敘　邑人朱尤書并篆文錄典祀

武安王廟題名碑　萬歷十一年
碑高六尺三寸廣三尺首列二十行行八字題
名凡十列行數字數不等　在龍泉山西麓

武安王廟在龍山西麓者久而圮矣世廟時復新事在大
學士呂公大司馬翁公碑記鄉賓錢公事實識之詳矣無
喙也顧其事有倡大義而啟之者有竭心力而主之者有
贊助而共成之者可不記其姓氏以垂不朽乎故勒之於
石以表諸君新廟之功云時在萬歷癸未仲春吉　賜進
士出身資政大夫南京吏部尚書前南京禮刑二部尚書
都察院右都御史麟陽趙錦識以上首列　啟成廟事　總督
尚書胡宗憲　兵備副使許東望　兵備僉事羅拱宸
署縣事通判吳成器林仰成　本縣知縣徐養相李鳳　本縣知縣周鳴
塤、時成　李　本縣知縣周子文　立以上別為一行在右旁　主成廟事
大學士呂本　參政管見　郎中錢德洪　郎中葉選

列一　鄉賓錢德周　尚書翁大立　知縣管府　鄉進士
錢應賓　封給事葉鳴列二　教諭管完　知州康清　都
司管海　貢士錢應竜　給事葉遵列三　贊主廟事　御
史任林元　副使管稷　舉人錢應樂　知府葉逢春列四
禮部儒士朱芢　知縣史銓　知縣管應鳳　庠生錢
應教　廩生葉邁列五　散官錢撫之　祕圖楊珂　庠生
管應爵　庠生錢應順　州判葉逢暘列六　庠生錢應禮
廩生朱宇道　管麗　庠生錢人元　庠生葉逢萃列七
朱公紳　管黍　管應麟　庠生錢人宗　監生葉繼
祖列八　錢人欽　錢民表　管應兆　錢人法　監生葉
憲祖列九　以上九列別爲五行在右二行之次　贊成廟事　尚書趙錦

尚書孫陞 尚書陳陞 侍郎楊大章 侍郎龔輝 都御史周如斗 參政陳塏 御史錢應揚 御史鄭寅 御史韓岳 參政宋大武 參議谷鍾秀 副使徐九皋 會元胡正蒙 榜眼毛敦元 廉使宋岳 廉使楊世華 運使盧璘 運使陸一鵬 太僕卿史際 僉事諸敬之 同知史鶚 同知俞大本 以上一列 封御史錢紳 光祿卿孫鑨 侍郎孫鋌 知府蔣坎 知府吳圭 知府王正思 知府張逵 知府楊世芳 寺丞朱同芳 郎中孫芳 長史朱同蓁 寺丞胡膏 編修史鉚 都御史張岳 都御史邵陛 太僕卿姜子羔 僉事陳成甫 知府徐紹卿 太僕卿史嗣元 廉使孫鑅 同知

王守文　同知諸應隋　知州徐恆錫　知州吳敬夫以上二列　封學士吳青　給事諸大倫　郎中俞嘉言　員外諸大圭　參政顧燮　參政胡維新　副使夏道南　副使張堯年　參議周思充　參議蔣勸能　知府鄒墀　參政張對　副使鄒學柱　中書呂禾　主事呂元　知州邵甄　知州史自上　知縣錢大經　知縣吳必諒　知縣楊誠　知縣鄒珩　知縣張翊元　知縣韓鏊　知縣胡煊以上三列　封郎中張啟允　知縣邵一本　知縣葉之盛　知縣倪章　知縣邵堪　中書呂允　知府呂兖　中書呂兌　中書傅和　指揮王守恭　錦衣千戶王正憲　都司史金　署丞魏乾亨　署丞孫鏊　署丞邵

堅　通判謝用栻　州判錢應乾　州判陳孟莊　州判
呂亮　州判錢廷璟　鄉進士錢立誠　知縣史重淵
知縣徐廷蘭　知縣陳俊以上四列　封郎中俞天祥　封郎
中鄒名　進士陸鎮默　楊文元　史記勳　聞金和
孫如法　呂胥昌　張集義　楊宏科　吳道光　孫繼
有　錢應斗　朱士貴　陳鍈　孫如游　馬天衢　朱
應龍　張釜　旌孝鄒大績　官生翁時旦　錢應夔以上
五列　封御史胡華　州判朱公顯　經歷毛炤　朱廷棟
管集　吏目錢應輔　縣丞朱公敬　胡正恩　毛檀
楊榮　典膳錢嗣良　序班鄭調元　主簿朱公陞
張堦　知事虞有仁　葉忠　王惟聖　谷正元　驛丞

朱時濟　典史朱崐　陳仕顯　巡檢胡俯　黃朝鍾
禮部儒士鄭賢元以上六列　監生朱士嵩　俞伯龍　顧袞
吳必大　宋旦　聞人善　任志單　盧信　管可學
管應恩　管可登　倪岳　庠生高聚正　聞詩　毛
五雲　錢應麟　吳德卿　陳清　魏文榮　鄒緝　宋
可及　陳元卿　鄒惇　鄒恢以上七列　監生孫如浙　庠
生張錦　金絮　王正心　鄒近魯　鄭安元　錢臣
朱相輝　陳大旦　康植忠　張壤　韓洵　鄒士登
楊應徵　鄒士立　管可成　錢允成　錢嗣亨　錢嗣
善　錢嗣安　朱有光以上八列　省祭馮映　魏邦寧　管
應麒　俞三重　徐舜文　鄭修　邵德隆　聞人信

葉德明　聞人璋　錢存仁　兒性之　錢尙仁　毛叔

季　胡仕徽　谷大慶　陳子英　楊汝明　汪松　鄭

竹　管可瞻以上九列　葉遜　倪貴　管琳　管和　朱禮

朱楝　胡修　陳効　徐心　汪渾　黃邦　葉芸

項遂　朱瑞　鮑仁以上十列　捨田義人潘敬男承　協成

廟事道人楊蘭　住持僧眞蓮以上別爲三行在下方左旁

重修通濟橋記　萬歷十一年

邵陛撰　文錄疆域附橋

重修縣署記　萬歷十一年

呂本撰　文錄公廨

重建儒學記　萬歷十三年

碑高五尺二寸廣二尺六寸二十二
行行六十字額篆八 在大成門

餘姚縣重建儒學記 賜進士出身資政大夫參贊機務
南京兵部尚書前提督學校邑人翁大立撰 賜進士第
通議大夫總理河道都察院副都御史前提督學校邑人
孫應奎書 賜進士第中憲大夫督撫南贛都察院僉都
御史前翰林庶吉士邑人邵陛篆 萬歷十三年歲在乙
酉五月吉 呈請建學生員邵圭 翁大端 張燮 邵
應祺 孫繼有 倪九疇 陳懷忠 王先慎 翁時亘
督工巡檢余惠 文錄學校

文昌閣記 萬歷十三年
乾隆志邵圭撰
在儒學大門上

下路橋碑 萬歷十五年

碑高三尺廣二尺七寸二十行行二十六字額篆六 在外射龜橋文錄疆域附橋

重修戰場橋記 萬歷十五年

史元熙撰 文錄疆域附橋

文廟香爐題識 萬歷十五年

刻十五行行十一字 在大成殿

龍日去秋履任肅謁 先師廟巍然稱傑搆矣顧香花火燭之具因仍敝陋朔望展拜致敬奚從亦一大闕典也圖更新之迺謀諸僚友謝君思謙鄭君從美二君僉曰惟命由是捐貲劚石搬造香爐一花瓶二燭臺二爾月告成既而復相謂曰斯足以塞責乎哉籩豆簠簋爵斝鼎彝諸所

未備者尚多也其如力何姑俟之　萬歷歲次丁亥孟冬
穀旦　毘陵馬應龍

牟山湖碑　萬歷十六年

碑高六尺七寸廣三尺三寸二十二行行四十二字額正書六　在本湖

復牟山湖碑記

夫維錫澤國也自夏后氏濬洪而彭蠡震澤爲萬世利從來尚矣我國朝重農倣古立制其去江湖遠無澗溪可通則鑿湖蓄畝備旱潦在我姚爲三十一所牟山湖距邑西三十里南環姜山諸峰西　芝山東峨嵋山北固橫塘十二里石閘三門案誌記載周五百頃四十三畝三角三十步溉田二萬二千七百頃有奇東灌長泠左右直走濱海蓋

東山蘭風孝義開元燭溪雲柯六鄉九里之命府也咸賴
渥澤一邑之水利其最矣夫何嘉隆以來豪暴射利大占
陞課虎視蝟集俛無湖也夫占一畝湖約耗民田數十畝
占一頃湖約耗民田數千畝嗟嗟安忍此萬竈之害以爲
一家利哉曩歲大旱侵蔭民之蒿目泣槁枵腹啼飢莩骸
載道痛骨莫敢誰何先令我姚者往往動復湖念爲有力
者奪議隨寢宛侯先治上高考最天子賢之調治姚蓋視
姚爲巖邑也比侯至培元剔蠹百廢次第舉稜稜有古循
良風姚民竊歎侯來暮北鄉民訟汝仇湖者歲久弗解侯
即爲請復魏漢張奕嚴奇等以牟山湖事聞於臺司諸大
吏事下侯曰汝仇牟山湖一也民亦一也吾豈能縮朒坐

視寄民命於天上乎若輩毋嗷嗷也語諸搢紳曰湖之壞也水勿可蓄水不蓄田無可蔭農人無以爲耕衣食索貢賦艱矣湖在矣烏可以不復哉湖復矣不增塘以防之與不復同塘築矣不甃石以固之與不築同乃併所規畫丈勘明悉遂上其事傅常二中丞公直指使王公都水使夏公太傅劉公石公僉曰可因以鳩工啟土伐木運石楓林横河通濬諸渠悉皆董治準備漏洩向之犂然田者今則汪然復爲湖矣棲畝登場已不在他日而穰穰可慶孰非侯之湛恩瀸澤哉姚民德侯深更僕未易數而此治蹟最爲章灼民胥闢址構堂肖像而祝之請記於余余聞之傳曰懷生之物有不浸潤於澤者賢者恥之況數十里生靈

之命府乎宜乎侯之深爲念也昔謝靈運從文帝請用回踊湖會稽守孟顗前後堅勿予翟方進壞坡以自利匯南民憤形於謠後鄧辰治匯南即復於民茲兩人者或復於方請或復於已壞爲不畏强禦矣至今讀史者猶壯之是故興水利之臣無如召南陽初爲谷陽長賢又調上蔡長始入爲諫議大夫後以南陽晉少傅列九卿人羨其以功名終也今上高餘姚侯之谷陽上蔡也而次蹟公卿姚之人共視公百世之下又豈無目侯如鄧如孟者也　萬歷戊子年五月　都察院左都御史太子少保吏部尚書趙錦立　太醫院使兼纂史欽陞聖濟殿太子少保貲德大夫趙世政撰案原碑已佚道光中趙氏後人重刻立於牟山湖之跨湖橋

大湖門葉侯生祠記　萬歷十七年

翁大立記

文録水利

武安王廟殘碑　萬歷十七年

碑高五尺六寸廣三尺十七行行四

十二字額篆七　在龍泉山西麓

工部郎中葉選撰　賜進士第中憲大夫前工部郎中葉

逢春立　文録

典祀

修侯青橋記　萬歷十八年

吳道光撰　文

録疆域附橋

修嚴先生祠墓碑　萬歷三十二年

碑高四尺七寸廣三尺二十六行行

四十五字額篆十一　在龍泉山

重修嚴子陵先生祠墓并建坊記　賜進士第浙江按察

司按察使温陵洪啟睿撰文　賜進士第刑科給事中邑
人楊文煥書丹　賜進士第翰林院編修邑人史鈳篆額
御史中丞尹公撫浙之浹月揆文奮武威德四訖盤盂渤
溟亡何以省方之役過姚江覽邑乘睹所謂雲柯鄉□□
□嚴先生之祠墓在焉穆然動風尚之思也則下檄所司
刈草萊治傾圮樹之棹楔以章揭先生之遺迹夫先生□
□□韻輝光史策照映古今蓋人人能言之然竊怪今寓
内率知桐江之嚴先生而不知姚江之嚴先生桐江之嚴
□□□竿裘而釣瀨其寄也姚江之嚴先生爾於斯生於
斯歸骨肉於斯其自也闡揚先哲以鴿都人士之耳目而
不□□□於所寄惜乎吾見前人之猶憒於理也且非獨

於此也夫世之測先生也猶淺謂先生蚤見主之不同量耶豈□□而下若帝也者而難爲臣將諫議大夫之不滿耶則富春之遊帝腹之加乃釣榮也歟哉將自附於漸鴻之羽□□□用爲用則自後之誦先生者然而翩然之先生又能如是往來於衷蓋嘗論之由光義之高而日月時雨之世□□□則可以無出也壘胎之二子殉商而醜周義固以不食者爲是則不可以出也以至少伯之化而爲鴟夷也子□□□而就赤松也是皆有託而逃者也託則猶之乎不得已也由前三者而未可以溷先生由後三者而莫可以迹□□□內無所著外無所因蟬蛻於風塵泥滓之中而逍遙於出處去就之表吾夫子所致歎於猶

龍公者庶幾似之□□□德烏覩是乎故奮乎百世之上百世之下聞者莫不興起徜亦中丞公勤思風尚而借以廉頑立懦之指歟先□□□祠而墓在陳山雲柯故有客星坊久且圮今鼎建焉於墓則還諸所侵禁樵採者毋得入祠故在墓側歷徙邑□□□泉山有司以時禋祀雖規制稍儉而枕山瞰流不減富春之致今仍其址葺新焉爲置守者一人凡費赤仄如□□□公首捐俸爲率而邑令黃君以羨廩繼之旣僝功而立石祠左以垂有永命啟睿僭爲石語睿惟越之先以隱□□□如嚮所稱少伯其人暨討然梅福夏黃公賀季眞之流可縷數焉而惟嚴先生之亟也且不於桐江而於姚江□□□公有獨覩於先生

而用以風勵來兹者深且遠哉夫衮衣海甸綏靜東南之
績顯而易知至於提挈風猷奠之□□□障稽天之浸者
其績尤鉅而其用甚微睿往爲學官愧不能表揚芳潔乃
今曠典修明樹猷章軌盛事蓋有所□□□但世人不察
直夷視之爲仰止前修之舉而已矣故爲表而出之以俟
夫過而式焉公名應元楚之漢川人黄□□□睿之同里
人　大明萬歷三十二年孟冬之吉　餘姚縣知縣黄琰
奉　欽差提督軍務廵撫浙江等處地方都察院右僉都
御史尹立石　五十一世孫巖昌世董修

永福庵碑　萬歷三十七年

碑高七尺一寸廣二尺六寸二十一行行六十字額篆六在下字本庵

勝歸山祠院碑　萬歷四十三年

碑高四尺六寸廣二尺二寸分四列列各八寸十六行行十一字額篆八　在勝歸山廟

姚邑勝歸山修建祠院記

邑北負勝歸山而城晉劉牢之擊勝孫恩歸屯於此故名山産宕石邑人業而採焉形家以爲非宜嘉靖間新安胡公宗憲來令吾邑捐貲贖之慕義者有輸契歸官而辭其值凡山宕田地若干畝於是鎚鑿之患絶後胡公督撫吾浙過邑尋舊游低回不能去云山之麓故有祠祀牢之邑士就其前建復初書院祀胡公語具魏都御史有本李太傅本記中歲久漸圮舊存佛像數尊亦爲風雨侵蝕釋如清夙嚴梵行偶以行遊睹之不勝悽然即以修建鼎新爲

任時同遊緇素善友定慧性權居士管情輩皆勸成之不
置先是陳氏家有神降於鸞曰我勝歸神也有能與我祠
者我能福之鄉之耆老欲葺之不果適聞清譜遂白有司
請主其祠清念非仗三寶願力無以廣福利招營宇於是
謀建爲禪院規搆既定而垣堵蕭然絲粒如磬負土運石
躬自爲之朝募一椽焉夕募一瓦焉銖累寸積誓以必成
不足則稱貸益之工始萬歷甲午歲勞苦拮据者幾二十
年乃告成事首爲山門次爲復初書院又次爲劉神祠祠
後爲佛殿殿後爲禪誦堂東西樓十間側堂并廊房三十
間薪木堅美金碧相映去歲余偕衆居士習靜其中清從
容爲余言是役也清實竭半生心力而爲之營造甫成頤

臉如削乞居士一言記之清非敢自爲功也庶示來者念其苦心無墜厥緒已耳余乃愀然思喟然歎深感清之有志於三寶也夫以牢之之義烈胡公之顯赫通邑士大夫以爲酬功報德之所歲月未幾不足保其數楹之祠院清以區區一衲勤渠廿載不啻廓而大之且三倍於昔焉其事有不可泯沒者益信世界中惟佛法無邊佛身不壞一切聲華轉眼銷歇余故書之於石一以告後之居是院者矢志精修不負清意一以告後之君子樂爲外護無令是院舉而復廢且與客星之□墓龍泉之半榻同付之一□也　萬歷乙卯孟冬吉旦立　賜進士刑科給諫邑人楊文煥□　槲園居士葉憲祖□　頑庵居士史可□□

住持僧如清募主□□　徒性恩　性存　性純　孫海珠　海澄

黄忠端公祠碑記　崇禎十五年

陳子龍撰

文録典祀

二檀先生草書石刻

刻高一尺廣二尺凡四石　在雙橋楊祠

章出於分草出於篆分篆之筆皆圓而曲後世爲草大都筆扁而畫直故草法至楊少師而絶宋以來惟山谷伯幾仲温爲有草名然未窺此祕也明李西涯求頓挫而坐成鈍滯祝希哲求豪肆而惟見滑削王雅宜求歛鋒而不解轉腕張東海求流美而益苦繚繞王覺斯求跌宕而時露渦疏此外則更無可言者今見二檀先生詩卷草法饒有篆意雍容適潤得山陰家法至字體不備雜入近世稾書此七百年之通病賢者固亦不免矣至明詩以于鱗爲冠係先生門下士而先生抒寫性情不事雕琢詩亦賢於弟子已先生詩書之名皆不著仍孫越樵茂才得此二紙裝

池見示其急覓貞石以廣其傳非止一家之珍也昔襄陽
自珍小正書惟題名跡乃用之僕素同此癖故書後以歸妙
之　道光二十五年十月十四日白門包世臣題記
墨沈埋嵗幾經欣從手澤見遺型詩饒逸興王摩詰書得
真傳孫過庭冰雪貯胷堪絶俗龍蛇滿眼自通靈珍逾拱
璧家藏久展卷頻思佩德馨　雲南范仕義廉泉題案
二檀先生書五七言近體詩若干首皆先生與康山汝湖
輩贈答之作茲不備錄先生十世孫諸生登雲字越樵刻
置祠堂西
廂壁閒

譚氏不賓堂帖一册

先生品孤峻人莫敢仰丙寅將出遊悉舉其詩文槀付雪
竇僧天岳藏之丁卯卒於揚州田一峰守一嗜其書法刻
之於石邵
廷采敘略

餘姚縣志卷十六金石下終

餘姚縣志卷十七

藝文上

吳

虞翻周易注九卷乾隆志案虞氏易注經典釋文作十卷李鼎祚周易集解多引其說近世元和惠氏棟裒集其注之散見羣籍者爲一卷蓋虞氏之學歷數千年而復盛行於世云　周易日月變例六卷隋書經籍志注虞翻陸績撰　孝經注乾隆志案唐玄宗孝經序云韋昭王肅先儒之領袖虞翻劉邵抑又次焉今虞注多散見於玄宗注中　論語注十卷　史記注二十八卷　春秋外傳國語注解二十一卷乾隆志案虞氏國語注今附見韋昭注中　周易集林律歷一卷　注京房周易律歷一卷　京氏參同契律歷志注一卷　楊子太玄經注十四卷乾隆志案虞氏太玄經注見司馬光集注案三國志注翻以宋氏解玄頗有繆錯更爲立法并著明揚釋宋以理其滯　易律歷一

卷王洪撰曰納甲之說京氏易傳魏氏參同契皆有之而虞氏之說較備老子注二卷周易參同契注　集三卷隋書經籍志題後漢侍御史虞翻集五卷梁三卷錄一卷

晉

虞聳穹天論一卷馬氏玉函山房輯佚書馬國翰序穹天論一卷晉虞聳撰其書隋唐志皆不著錄佚已久矣據晉書天文志御覽所引輯錄論謂天形穹窿如雞子幕其際周接四海之表浮於元氣之上大指亦主蓋天爲說與姚信昕天相出入云

虞潭投壺經一卷隋書經籍志作四卷　舊唐書經籍志唐書藝文志並題虞潭法撰　投壺變一卷

虞喜尚書釋問一卷乾隆志案隋書經籍志作虞氏尚書釋問一卷不題名今從夾漈鄭氏通志定作虞喜　毛詩釋十八卷乾隆志題毛詩略　周官駁難五卷隋書經籍志孫琦問千寶駁　贊鄭玄論語注九卷唐書藝文志作十卷　論語新書對張論

十卷案隋書經籍志注宋司空法曹張略等撰論語疏八卷此書蓋答張略等意也孝經注三卷

志林新書二十卷隋書經籍志作三十卷乾隆志案志林在宋初尚存太平御覽多引其說

後林新書十卷隋書經籍志無新書二字

廣林一卷馬氏玉函山房輯佚書馬國翰序廣林一卷晉虞喜撰隋志志林新書三十卷下云梁有廣林二十四卷又後林十卷虞喜撰亡唐書藝文志有虞喜志林新書二十卷又後林新書十卷不載廣林佚已久矣攷杜佑通典引虞喜說凡二十節除標題釋滯通疑八節明標廣林者一節他皆稱虞喜曰循其文義皆雜論禮服知爲一書語引者舉一例餘不標廣林者省文也茲據輯錄釋滯通疑二書別爲編次附著於後

釋滯一卷馬國翰序釋滯一卷晉虞喜撰隋唐志載喜所著書無此書之目杜佑通典引三節題曰虞喜釋滯豈一喜別撰此而史志佚之耶抑其爲志林廣林後林篇目之一耶疑不能一明仍依通典原題錄存一種其說大夫降其旁親爲士者一等云爲據諸侯成例包於大夫以相兼通以賤伯文周代諸侯而從殷禮議明通唯駁鄭氏禮注再祭練祥其閒之祭不同時而除喪以時爲日庾蔚之議誠其不近人情分別觀之可已

通疑一卷馬國翰序通疑一卷晉虞喜撰隋唐志並不載杜佑通典與虞喜釋滯並

引皆論禮服而此則論劉智喪服釋疑以通疑名意其因劉書而作如王基毛詩駁韋昭辯識名之類歟從通典輯錄五節仍其原題與釋滯比次附廣林之後即以補後林之缺焉可也

安天論一卷　乾隆志案晉書天文志虞喜兼覽讖緯著安天論以難渾蓋謂天高窮於無窮地厚測於不測天確乎在上有常安之形地塊焉在下有居靜之體故常相覆冒方則俱方圓則俱圓無方圓不同之義也其光曜布列各自運行猶江海之有潮汐萬品之有行藏也其說與姚信昕天論並行

集十一卷　隋書經籍志題奉朝請虞喜集十二卷

虞預晉書五十六卷　舊唐書經籍志唐書藝文志作五十八卷　案隋書經籍志二十六卷原注云本四十四卷今殘缺豈唐代全本復出隋志既未及見并原有卷數亦未核耶

會稽典錄二十四卷　乾隆志案明初尚有完書今失傳

虞氏家傳　乾隆志題諸虞傳

集十卷　隋書經籍志作一卷

虞谷奏事六卷　隋書經籍志注題中丞虞谷奏事　康熙志誤王俁撰

宋

虞賢虞氏家記五卷隋書經籍志舊唐書經籍志唐書藝文志並作虞覽撰舊唐書唐書並題虞氏家傳

虞氏家譜一卷

齊

虞愿五經論譔十卷乾隆志題五經論問

會稽記二卷

虞通之后妃記四卷　妒記二卷　善諫二卷　集五卷

隋書經籍志題宋黃門郎虞通之集十五卷梁二十卷

虞炎集七卷

虞龢法書目錄六卷乾隆志作二卷　上法書表一卷

梁

虞羲集九卷隋書經籍志題齊前軍參軍虞羲集九卷梁十一卷　鍾嶸曰子陽奇句謝朓嘗嗟誦之

陳

虞荔立代論三卷　歙器圖一卷　古今鼎錄一卷

隋

虞綽帝王世紀音四卷　長洲玉鑑二百三十八卷隋書經籍志不題名舊唐書經籍志唐書藝文志並題虞綽等撰　類集一百十三卷　驛馬四位法一卷

唐

虞世南帝王略論五卷　君臣論議一卷　大唐書儀十卷　羣書理要五十卷宋史藝文志作羣書治要十卷注云祕閣所錄或祕閣僅錄十卷或宋志偶脫五字歟　案唐自高宗以後諱治爲理　兔園策十卷晁公武曰世南奉王命纂古今事爲四十八門皆偶儷之語至五代時行於民閒村野以授學童故有遺下兔園策之誚　北堂書鈔舊唐書經籍志唐書藝文志文獻通考晁公武郡齋讀書志並作一百七十三卷宋史藝文志陳振孫書錄解題　四庫存目

並作一百六十卷天一閣書目作一百七十卷　晁公武曰世南仕隋爲祕書郎時鈔經史百家之事以備用分八十部八百一類北堂者省別本北堂書鈔一百六十卷之後堂世南鈔書之所也

筆髓法一卷　筆體論一卷　集三十卷

宋

顧臨尙書集解十卷　經武要略十卷　梁燾總戎集十卷

胡沂經說五卷　史說五卷　奏議八卷乾隆志題胡獻簡奏議葉適序略周伯奏疏將百篇詞約而旨要文不盈數百少纔百餘然必據經陳史質證今事不率意而云也或昔人所已言經錄聞上不必於己也必酌時病不夸不緩異聞駭見必亟達不憚諱忌然而懇怛忠蓋故言而樂聽十多七八焉自古賢人君子進常艱退常易富貴有節無侵尋之求言簡而伸氣直而遂可爲事君法如公是也公既遇十年閒三引去去多剛勇果決其來未嘗不遲懦退縮也又其言憂憤危苦明白切至世固未有識此理有識此理未有以

此告也

臺評三卷乾隆志作二卷

進講餘鈔五卷

詞垣草十卷書錄解題作四卷

經筵東宮故事四卷

遵拙齋雜稾二十卷

莫叔光通鑑撮要十八卷

王俣本草單方三十五卷宋史藝文志題編類本草單方書錄解題取本草諸藥條下所載單方以門類編之凡四千二百有六方

王逨西漢決疑五卷書錄解題一曰失實二曰引古三曰異言四曰雜證五曰注釋原案文獻通考作王述

集二十卷書錄解題王司業集二十卷原案文獻通考作三十卷建炎初其家避亂沿汴南下逨年十一偶小泊登岸敵適至亟解維不暇顧遂失之在金十年間關得歸其父工部尚書俣也既歸入太學登癸未科爲諫官御史歷麾節終於少司成 周必大曰公志氣强學問博其文章贍而不失之泛嚴而不失之拘議論馳騁於數百載之上而究極利害於四方萬里之遙其爲歌詩慷慨憂時而比興存焉他文宏辨該貫直欲措諸事業所謂援古證今黼黻其詞特餘事耳

趙師龍博古摘華三十卷樓攻媿集師龍嘗采史傳治亂成敗之迹爲此書

趙善譽易說四卷四庫提要是編載陳振孫書録解題振孫稱其每卦爲論一篇蓋爲潼川漕時進呈之本也今考其書於各卦名義之相似者多參互以求其義如云頤井鼎皆有養人之義豈非養人之利溥故多取象以示人耶又云三卦義雖不同皆以上爻爲吉故頤之由頤井之勿幕鼎之玉鉉皆在上爻也至於各卦之六爻亦往往比類以觀之如乾卦云初九之辭決戒之切也九四之辭疑則與之進也九三之辭詳猶可勉也上九之辭直則不可爲也聖人之言纖悉委曲一至於此亦惟恐其陽剛之或偏而已論坤卦云乾坤二卦一惟二五兩爻爲善而他爻皆有戒之之辭又云履霜戒於一陰之生括囊戒於多懼之位三猶可以含章而從事上則至於龍戰而道窮亦乾卦爻辭不同之意論頤卦云頤以養正而不妄動爲善下卦震體有動而求養之象故三爻皆凶上卦艮體有靜而知止之象故三爻皆吉論革卦云內明則見理必盡外說則無咈於人情不如是而能革者未之有也論節卦云六四一陰柔而應於初又上承九五之陽能安於節者安則無所往而不通故曰亨承上道也九五居尊得位剛健中正節之當者也當則無所往而不可故曰甘節吉往有尙以其在臣故曰安曰亨言己能安之則亨也

以其在君故曰甘曰吉言施之天下人皆美之然後爲吉也其論皆明白正大朱子謂其能擴先儒之所未明焉椅易學亦多取之謂其能本畫卦命名之意參稽卦爻象象之辭以貫通六爻之義而爲之説蓋不虛美也自明以來外間絶少傳本故朱彝尊經義考注云已佚今永樂大典具載於各卦之後僅闕豫隨无妄大壯晉睽蹇解中孚九卦因搜輯成編資説易家之參考宋史藝文志本作二卷今以其文頗繁釐爲四卷焉

讀史輿地考六十三卷宋史藝文志一名輿地通鑑

宋朝開基要覽十四卷

南北攻守類考六十三卷書錄解題以三國六朝攻守之變鑒古事以考今地每事爲之圖

張永衞生家寶小兒方口卷

孫應符歷代帝王纂要譜括二卷書錄解題云蓋紹運圖之詳者也

幼學須知五卷書錄解題此書本書坊所爲以教小學應符從而增廣之

孫應時論語説乾隆志案燭湖孫氏經説多散見於黃氏日鈔其論語説則困學紀聞中引之

琴川志十五卷戴良序略常熟舊志自宋兵南渡版籍不存至慶元丙辰縣令孫應時始編次爲書其後

縣并爲州歷年寖遠而是書之存蓋寡且丙辰以後續其所未備者復未有其人非缺典歟乃亟訪孫令所編而重正之復與一二士子緝爲續志附之各卷之末合十有五卷仍令舊名而題之曰琴川志

燭湖集十卷 四庫提要作二十卷附編二卷

王應麟曰孫燭湖讀通鑑詩簿書流汗走君房那得狂奴故意降努力諸公了臺閣不煩魚雁下桐江淸濁無心陳仲弓圓機聊救漢諸公末流不料兒孫誤千古黃初佐命功朱文公謂二絕甚佳

案燭湖集今存並附其父介兄應求應符詩

胡文卿樵隱詩稾

孫應時敘蘇長公曰無竹令人俗又曰士俗不可醫余嘗欣然誦之以爲眞宇宙間妙語噫無竹者尙爾况於不能詩者其俗且如何哉古今詩人其學未必皆合於道其言未必皆當於用要其風流意度定自不俗如幽蘭之芳野鶴之潔使人一見輒灑然意消故夫詩人多窮無他以其不俗故窮向令用意研索爲猗頓白圭之術量其胸次已有萬斛塵土而暇及詩乎余里有佳士曰胡君文卿本富貴子文卿少獨嗜學舉進士不售而肆其情於詩當其覓句時往往忘寢與食問以家事瞪目不答詩則工矣而家益落妻孥慍怒姻族笑且罵之自如也所居門瞰湖山風晨月夕鷗鷺翔集樵牧往來文卿曳杖行吟其閒自視天下之樂無已若者其

詩閒淡清美與其人境相稱時亦感激頓挫奇壯可駭愕知其中自有所抱負非苟然也文卿今老矣平生未嘗奔走納交遊於當世世未有知之者余雖獨知之而力不能佐文卿之學名又不能使文卿因余以傳也姑爲之敘其詩集道其不俗故窮而略狀其風流意度余與文卿皆可悠然一笑相與意滿若夫人之知不知名之傳不傳是又類俗人語刪之可也

程迥古周易章句十卷　周易古占法一卷　古易考一卷　易傳外編一卷　春秋傳顯微例目五卷宋史藝文志作春秋顯微例目一卷　朱子曰沙隨解滕子來朝謂此見春秋時小國事大國其朝聘貢賦之多寡隨其爵之崇卑滕子禮見魯庶得貢賦省少此說卻是　春秋傳二十卷　論語傳二十卷　孟子章句七卷　太玄經補贊四卷　醫經正本書八卷宋史藝文志作一卷　陳振孫曰專論傷寒無傳染以救薄俗骨肉相棄絕之敝　戶口田制貢賦書四卷　乾道振濟錄二卷　度量權三器圖義一卷　湆

熙雜志四卷　玉泉講學一卷書錄解題沙隨程迥可久所記喻樗子才語諸論辨一卷　四書顓四卷　南齋小集十卷陳振孫曰迥及與前輩名公交遊多所見聞故其論頗有源流根據

案程迥睢陽人徙餘姚通志采其書入經籍志今從其例如王俣高似孫滑壽項昕等數人以寓賢定居於餘姚者撰述亦著於志

孫因越問一卷

高翥信天巢遺稾乾隆志案遺稾朱彝尊爲之序後附高鵬飛高選高邁翁詩　菊磵集十二卷王士正江湖集摘句高菊磵詩云半夜雨聲急一溪流水深桐花快落春風老梅子微酸晚雨晴老淚怕從衣袂見閒情但有帽簷知題小姬扇云湘湘未識羞獨坐抱箜篌負學耆婆舞擡身拜部頭春懷云江南春盡尚春寒添盡征衣獨掩關日暮酒醒聞謝豹所思多在水雲間臨平云征帆一似白鷗輕起揭篷窗看晚晴梅子著花雪壓岸自披風帽過臨平田父詞云啄黍黃雞沒骨肥繞籬綠橘綴霜垂新釀酒旋裁衣正是婚男嫁女時

菊磵小集一卷千頃堂書目題高九萬信天巢遺稾附高鵬飛林湖遺稾一卷高選高邁江邨遺稾一卷高似孫疏寮小集一卷

書錄解題疏寮集三卷千頃堂書目疏寮集一卷並無卷小字　四庫提要高翥菊磵集久佚至國朝康熙二十六年其裔孫士奇於徐乾學家宋槧書中采得遺詩一百九首益以家藏二十二首又於他集中得十三首續得一朱彝尊宋刻江湖集所載四十七首刪除重複共得詩一百八十九首刻之題曰信天巢遺稾後附林湖遺稾一卷爲翥姪鵬飛字南仲者所撰又附江邨遺稾一卷則翥父選叔邁之詩此卷之中又附質齋遯翁二人之詩則高氏譜中所載僅存其號即士奇亦莫能舉其名矣最後附高似孫疏寮小集一卷文獻通考載疏寮集三卷此所刻甚少尚有他選所有而此刻無之者是集在宋頗著稱陳振孫書錄解題謂其作文怪澀詩猶可觀劉克莊後邨詩話謂其詩能參誠齋活句不知此刻何以采輯轉不完備然士奇後敘中初未言及附刻疏寮集疑爲士奇後人所加更不暇博采歟　案信天巢遺稾乾隆志已著錄謂有朱彝尊敘後附鵬飛選遯翁三人詩而不及邁與質齋似孫一且無江邨遺稾等目或別有一本亦未可知今並存之

高似孫子略四卷目錄一卷四庫提要是書卷首冠以目錄始漢書所載次隋志所載次唐志所載次庾仲容子鈔馬總意林所載次鄭樵通志藝文略所載皆删其門類而存其書名略注撰人卷數於下其一書而有諸家注者則惟列本書而注家細字附錄焉其有題識者凡三十八家以其會稡諸家且所見之本猶近古終非焦竑經籍志之流輾轉販鬻徒構虛詞者比

剡錄十卷四庫提要此嵊縣志也嵊爲漢剡縣地故名曰剡錄前有嘉定甲戌似孫自序及嘉定乙亥嵊縣令史之安序其書徵引極爲該洽唐以前佚事遺文頗賴以存其先賢傳每事必注其所據之書可爲地志紀人物之法其山水記仿酈道元水經注例脈絡井然而風景如覩亦可爲地志紀山水之法統核全書皆敘述有法簡潔古雅迥在後來武功諸志之上

緯略十二卷宋史藝文志千頃堂書目入司馬泰廣說郛第三十二卷四庫提要似孫嘗輯經略史略子略集略騷略及此書今惟子略騷略與此書存書錄解題論其讀書以隱僻爲博其作文以怪澀爲奇然攷證之學正不嫌其博而是編所引亦皆四庫所著錄非馮贄之流詭詞炫俗者比固不得以隱僻譏也其言篤實無所贗託終出楊慎丹鉛諸錄之上亦考古者所必資矣

文苑英華鈔四卷四庫提要是編乃宋摘文苑英華中典雅

字句可供文章之用者仿洪邁經子法語之例鈔合成帙刻本仍以原目爲次不分卷數以似孫原序考之當時實分四卷也其中以諸本參校如呂令開蓮峰賦別本皆作氣開秋爽此本則作氣涵秋爽賈至早朝詩別本皆作共沐恩波鳳池上朝朝染翰侍君王此本作共沐恩波鳳池裏終朝默默侍君王李羣玉黃陵廟詩別本皆作迴風日暮吹芳芷此本作東風日暮吹香芷皆小有異同韓愈汴州東西水門記別本俱作請紀成績此本作皆請紀其成績又遂極其危句此本作遂持危亦皆韓集舉正韓文考異所未載其搜羅亦頗該洽自序謂周必大奉敕校文苑英華是書有助焉

硯箋四卷

書錄解題一卷天一閣書目三卷千頃堂書目作四卷四庫提要是書成於嘉定癸未前有自序第一卷爲端硯分子目十九卷中硯圖一類列四十二式注曰歙石亦如之然圖已不具意傳寫佚之也第二卷爲歙硯分子目二十第三卷爲諸品硯凡六十五種第四卷則前人詩文其詩文明題曰端硯歙硯者已附入前二卷內是卷所載皆不標名品故別附之諸品後耳宋志所錄硯譜今存者尚有四五家大抵詳於材產質性而罕及其典故似孫此書獨晚出得備采諸家之說又其學本淹博能旁徵羣籍以爲之佐證故敘述頗有可觀如端州綫石爲諸品所不載據王安石詩增入亦殊賅洽錢曾讀書敏求記亦稱唐人言吳融八韻賦

古今無敵惜乎亡來已久此存得古瓦硯賦一篇歸然魯靈光也則亦頗資考據矣

蟹略四卷 四庫提要是編以傳肱蟹譜徵事太略因别加裒集卷一曰蟹原蟹象卷二曰蟹鄉蟹具蟹品蟹占卷三曰蟹貢蟹饌蟹牒卷四曰蟹雅蟹志賦詠每門之下分條記載多取蟹字爲目而系以前人詩句采摭繁富究爲博雅遺篇佚句所載尤多視傅譜終爲勝之云

文選句圖一卷 書錄解題作選詩句圖四庫提要摘句爲圖始於張爲其書以白居易等六人爲主以楊乘等七十八人爲客主分六派客亦各有上入室入室升堂及門四格排比聯貫事同譜牒故以圖名似孫此書亦沿舊名所錄皆文選諸詩

煙雨集

騷略三卷 四庫提要是編皆所擬騷賦凡三十三篇其後欵乃詞一篇集杜甫詩八句柳宗元詩四句爲之

趙彥悈平庵集四十卷 陸元輔曰元道爲慈湖入室弟子讀其已易後序宛然慈湖宗旨也

岑全經傳考疑八卷

祕書錄十三卷 乾隆志作十二卷

孫嘉常州摘稾 戴表元題詞孫常州天資篤雅瀟灑人也晟歸四明山中卽園池之適易軒馬之榮用篇翰之勤寄簿書之能而尤好哦白樂天詩意至輒效其體爲之得之不勞而神全機縱坐客往往服其敏而慕

館娃賦志

其達也余以連姻往來屢與其集每見琴尊杖席之間詩行酒起酒倦詩止名談勢語終夕不及私歎一時風流略與樂天何異亦由承平士大夫氣習薰摩沾溉之所致而今豈復易得斯人哉

孫嶸叟讀易管見五卷　繫辭舉易一卷　胡一桂曰讀易管見列圖書先後天等圖及說仍逐卦爻解說不著經文末有繫辭舉易咸湻丙寅嶸叟倅新安刊於郡齋

葉仲凱周易總玩　乾隆志案仲凱易說趙氏學範嘗舉以教學者

見山集八卷　黃溍序略先生宋咸湻甲戌禮部正奏名於時枋國者方務隔截後進筆墨毫縷之異抉摘無少貸先生竟不得奉大對罷遣而歸其明年枋臣南遷又明年而三宮北上矣先生既悵悵無所售其技重山密林窮居而獨游餘四十年凡古今事會人物至於卉木魚蟲之細目觸而心接壹發於詩故老往往不忍讀後生聞之漫不省爲何等語宜其莫知所以稱先生也

陳開先箬山集四十卷

厲元吉半邨集十卷

楊子祥山水游記 家範一卷

元

岑安卿栲栳集三卷 千頃堂書目作一卷宋景濂稱其唾涕富貴以布衣傳其詩文 顧嗣立曰岑氏昆季多以科名顯者靜能獨淪落不偶其簡王子英詩曰平生耕稼心愧此老病軀又曰老成媿苟得童稚羞無官又會資敬庵詩云我窮不出門頗覺天地窄何其坎壈之甚也兵火之餘典籍散佚而今日尚知有靜能者豈非顯晦亦各有數耶

鄭彝山輝集十卷 黃宗羲曰元末東南多名士彝皆與之上下工畫蘭竹春草人多購之岑安卿云坐對滎陽老空懷正始音宋元僖云落筆十年身後在懷人三絕眼中無其爲作家所許如此

楊璲毛詩名物類考二十卷 千頃堂書目題詩傳名物類考 西園集 乾隆志案西園集今失傳惟澹游集中尚載其詩文

戴良春秋傳考三十二卷 九靈山房集二十三卷

徐艮玘野舟集四卷

苗仲通備急救人方八卷

孫自强性理論說　乾隆志案自强博極羣書研精理訓撰著自成一家官至教諭

明

楊彝貴竹稾鳳臺稾東屯稾南游稾　朱彝尊曰楊君傳詩不多頗饒跌宕之致

乾隆志案同時有兩楊彝一爲杭人字彥常一爲姚人字宗彝選明詩者或至相混

宋僖文章緒論一卷　庸菴稾三十卷　明史藝文志作文集三十卷詩集十卷　四庫全書作庸菴集十四卷　千頃堂書目學於楊維楨洪武初徵修元史　朱彝尊曰无逸有盛名詩見於選本絕少余得其集句如欲雪未雪雲葉暗似暮非暮風花寒隔河雞犬春聲急繞屋田園豆葉肥九歲兒郎能負米半生客路未歸田當時未覺青山好此日重來白髮多臘月雨連元日雨故鄉人作客居人借人几榻開漁舍送客壺觴出酒家秉燭山林連夜宿思家道路幾人歸驚心世事三年後照眼梅花二月初且復殺雞留宿客未須采藥

入青山空中書寄仙人鶴月下詩成佛寺鐘臘雪已消三尺盡春潮初送一舟行試看墨本打碑買勝謁朱門冒雪歸十日看山坐西閣一春多雨怕東風憑客不來成好夢大兵已過定豐年南山種樹人猶在東閣看花客再來勝地江山兵後見高天風雨客邊聞青春誰解看花去白髮眞成秉燭遊身到名山頭已白眼明秋日葉初紅惜春幾度行花徑載酒先期過草堂落筆十年身後在懷人三絕眼中無梅梁水過魚龍遠麥隴沙乾雁鶩稀人日晝陰開晚照老年寒極愛春風艱難人事都非舊貧賤交情倍覺眞黃葉又經秋夜雨青鞋曾踏歲寒冰南山臘雪新年在東浦春潮昨夜來樹繞石頭知客路巖迴谷口見人煙鐘聲曾聽孤舟夜詩卷今題落葉時二月江郡三日雪百花時序半春陰對法流轉頗饒自然之趣其寄景濂學士詩云修史與末役乏才媿羣賢强述外國傳荒疏僅成篇則自高麗傳以下悉无逸手筆覽元史者所當知也

黃珏菊東集八卷　庸庵後稾十卷

宋棠絕句精華十卷乾隆志題唐人絕句精華　過齋集十二卷千頃堂書目題退翁集疑退字譌乾隆志作過翁集

趙謙周易圖說十二卷鄭曉曰撝謙謂文王之彖周公之爻孔子之翼皆從伏羲流出四聖異易後儒之曲說也易學提綱四卷　歷代譜系讚辨略二十六卷

南宮續史斷二卷　字學源流一卷　六書指南六卷

六書本義十二卷自序略嗚呼正書之不顯俗書害之也俗書之相仍六義之不明也古則自早歲即嘗研精覃思折衷諸家之說附以己見撰集六書之義正其以母統子以子該母子復能母婦復孕孫生生相續各有次第分爲十類以象天地生成之數著爲十二篇以象一年十二月部凡三百六十以當一朞之日目該萬有餘數以當萬物之數其相重亦俗省變譌通之類不能悉計而亦不之計者又以見世道無窮之變焉凡五膽始克成編名之曰六書正義　童蒙習句一卷案康熙乾隆兩志題童蒙集句蓋音近致誤　聲音文字通一百卷四庫存目作七十二卷　正韻七十二卷　正轉音略一卷　戒書補一卷乾隆志案遜志齋集亦有戒書補數則明儒學案謂撝謙與方希直友善蓋互相勸勉而相約爲之也　造化經綸圖一卷王惠曰造化經綸圖張前賢未發之機啟

後學既迷之徑傳維麟曰謙以圖授王惠曰觀此以明其理寡欲以養其心調息以善其氣讀書以驗其誠聖賢之學不難到矣易與中庸皆聖門傳道極南游紀詠集五致之言而謙之圖又所以發二書之祕

卷

考古餘事嘉靖志原題一千篇

學範六卷四書存目作二卷鄭眞曰趙先生撝謙著學範六卷首之以教人之法次以讀經點書作文學字之法凡文房藝學事物器用莫不有其說焉此知行體用之學用心其勤矣昔我四明鄉先生畏齋程公著讀書分年日程學範實與日程相表裏以分年法期之有事焉勿忘焉當爲名世大儒其經濟於天下直舉而措之耳

考古文集二卷四庫提要此本所錄詩僅十餘篇古文亦祗五十餘篇前有順治丁酉黃世春敘稱其子孫式微已甚而能錄其遺集出沒於藏書之家殆天將藉是而彰考古云云蓋其後人掇拾散亡重裒成帙者耳撝謙以小學名家不甚以文章著此本又僅存殘賸未必得其精華而意度波瀾頗存古法究與鈔語錄者有別是則學有原本之故也

考古遺集六卷

續集一卷

錢古訓百夷傳一卷明史藝文志題李思聰胡時麟曰古訓偕李思聰出使述其見聞語多

覈實　四庫存目提要洪武二十九年思侖發訴與緬八百構兵古訓爲行人與其同官桂陽李思聰奉詔往諭侖發等聽命而還因述其山川人物風俗道路爲書以進古訓旋以勞擢湖廣參政請澤州楊砥序之黃虞稷千頃堂書目以此書爲李思聰作今據砥序及夏元吉後序則實古訓所作虞稷偶失考也

許浩宋史闡幽二卷　四庫存目提要是編因與邱濬讀宋史而作是非皆不謬於聖賢

元史闡幽二卷　千頃堂書目作一卷　四庫存目提要大抵皆取續綱目所書而論斷之凡五十二條　宋集遺書錄浩取二史所載可爲法戒者著論若干篇使讀史者有以辨別乎是非分別乎疑似同邑謝遷爲之序　乾隆志案明史藝文志作三卷許浩誤作許誥宋集遺書錄作各一卷

復齋日記二卷

金釵百詠

張壹民雲航集八卷

岑宗鶚錦囊清事集二卷

岑𡾊好奇生集二卷

岑如轅指南集五卷

宋公傳元詩體要二十卷　明史藝文志千頃堂書目天一閣書目並作十四卷　四庫提要宋緒字公傳以字行成祖時預修永樂大典時同邑被徵者五人及書成元一宋孟嶽趙膚迪朱德茂張廷皆授官緒獨辭歸是集錄元一代之書曹安讕言長語稱其分體三十有六曰四言曰騷曰選曰樂府曰柏梁曰五言曰七言曰長短句曰雜古曰言曰詞曰歌曰行曰操曰曲曰吟曰歎曰怨曰引曰謠曰詠曰篇曰禽言曰香奩曰險何曰聯句曰集句曰無題曰詠物曰五言律曰七言律曰五言長律曰五言絕曰六言絕曰七言絕曰拗體較安所列少七言長律體側體二種未喻其故各體之前皆有小序仿方回瀛奎律髓之例去取頗有鑒裁鄭林序稱緒深於詩故選詩如此之精非溢詞也傳本頗稀此本爲秀水曹溶家所藏目錄卷六以下闕書中亦間有闕葉惜無別本可校矣

滑壽素問鈔十二卷　明史本傳壽從京口名醫王居中學授素問難經既卒業請於師曰素問詳矣多錯簡愚將分藏象經度等爲十類類鈔而讀之難經又本素問靈樞其間榮衛藏府與夫經絡腧穴辨之博

矣而欽誤亦多愚將本其義旨注而讀之居中躍然稱善

難經本義二卷

十四經發揮 明史本傳壽嘗言人身六脈雖皆有係屬惟督任二經則包乎腹背而有專穴諸經滿而溢者此則受之宜與十二經並論乃取內經骨空諸論及靈樞篇所述經脈著十四經發揮

項昕脾胃後論一卷 邵家人南城詩注昕以母病醫誤投藥死乃勵志醫術門人力請著書作脾胃後論以補東垣所未備

竹齋小槀 邵家人南城詩注昕喜詞章又善繪畫工音律有竹齋小槀

潘義憑山閣詩集

李貴昌 案乾隆志誤作昌貴 古文大編

矮菴集

景星四書啟蒙十二卷 四庫存目作大學中庸集說啟蒙二卷　自序星幼承父命嗣儒業而苦無常師年十六始從黃先生學先生曰汝欲爲學必先讀四書以爲之本而後他經可讀矣星於是晝誦夜思不敢少惰居四年得初通大義後受春秋經於句乘楊先生　時師友切偲問辨資益爲多益知四書奧義不可不窮矣不揣庸愚於佔畢之暇彙集諸說分經別注妄加去取十年之內掇集成編目之曰四書集說啟蒙乾隆志案

通志堂經解止刻學庸啟蒙中庸問政章說一册

陳叔剛啟蒙故事八卷　吏部集

陳謨靜庵遺稾五卷

陳叔紹毅齋集　黃虞稷曰叔紹名振以字行

宋孟清詩學體要類編三卷

李應吉先天圖說　和順英華錄五卷　忍齋集　集韻

詩

施敏希龍山集四卷

邵宏譽餘庵稾五卷

滑浩野菜譜　乾隆府志案滑壽子孫爲餘姚人知府滑浩是其孫

陳贇太常志　太常集　閒適日鈔　乾隆志蒙齋集下引成化府志作閒邊日

鈔

蒙齋集五十卷千頃堂書目題蒙軒集三卷　和陶詩　和唐音三卷

和董嗣杲西湖百詠一卷四庫提要此集當在居錢塘時其詩皆七言律體每題之下各注其始末甚悉頗有宋末軼聞爲諸書所未載者嗣杲詩格頗工整贊所和亦足肩隨皆迴在許尚華亭百詠之上

自娛稾　容臺稾　薇垣稾　撫安稾　歸田稾

潘⿰車賣心齋雜著八卷

陳嘉猷師硯集　皇華集　銀臺寓稾

毛吉觀易闕疑十二卷

魏瀚嘗齋集二十卷

黃伯川竹橋十詠倪宗正敘黃君伯川以教授歸鄉徜徉於山水之間列爲十景各賦七言律所謂竹橋十詠也予童時見其偉衣冠皓鬢眉飄若神仙少長聞鄉評以君爲首今誦十詠知其爲大雅君子也夫雅變而爲風風變而爲騷後世山水之吟多發於風騷其弊也則睥睨天地嘲弄風月流連花鳥迂誕則荒玩傲則放

託意則滯於聲色忘形則混於庸鄙甚至以夢幻爲眞境以罵詈爲高節嗚呼是又風騷變而亂者也君十詠蕭散閒遠之意出於塵外而其戚話農談孫謀黨規水旱之憂稼穡之樂泉石之趣時物之感皆本於情性而安於禮義篤實先明溫厚典則之氣象藹然可掬孔子曰詩可以觀此也予所謂大雅君子豈不誠然也哉

岑琬雪崖集十八卷　愼節稾十二卷

王傑周易說四卷乾隆志案傑字世傑以字行文成公曾祖　春秋說五卷　周禮考正六卷

王倫竹軒稾八卷乾隆志案舊志作竹齋稾攷倫字天敘號竹軒文成公祖今攷正

楊軾同愛竹稾八卷

周熙野航集十卷

岑拱辰炙轂集十卷

楊鑑秋泉遺稾四卷

嚴時泰牢盆集一卷　專城稾　木山集

胡恭蘭室遺稾四卷

張琳醫說妙方十卷千頃堂書目題史琳　乾隆志案琳本姓史此書取太醫院舊本裁定

夏艮輔四書便覽十四卷

楊榮春秋集傳三十卷千頃堂書目題楊時秀　一齋存稾康熙志題楊音撰

和唐音邵家人南城詩注楊水部榮太常公之祖會試歸舟中取唐音和之月餘成帙一時風尚和唐音累累而榮能得其風致

馮蘭雪湖集黃宗羲曰佩之在京師與李西涯謝木齋三人雅相好木齋歸田與佩之唱和無虛日閒書之以寄西涯西涯亦一一和之有云惟應兩巾屨長得夢中游又云羨君江海上猶有舊同游是時西涯爲一代宗工而於佩之則敬爲老友也　雪湖詠史錄四卷千頃堂書目作二卷

謝遷文正公集四十卷朱希周曰公出處之際光明磊落卓然有大過人者詩文正大溫厚

不事雕琢木翁歸田稾十卷采集遺書錄作八卷馮蘭湖山唱和詩二卷千頃堂書目餘姚令劉應徵刊　朱彝尊曰謝木齋以宰輔歸田與佩之締姻日以詩札酬報澶淵劉應徵知餘姚縣事爲刊湖山唱和詩二卷集中句可采者謝如嘉客不來虛埽榻好山難致郎移家路當樹與雲深處舟及潮隨月上時野色遙連晴樹杪秋聲忽動暮鴉羣樓臺月上寒雲盡郁巷泥乾宿雨餘扶老最便方竹杖入秋卻愛早禾田馮如鏡裏流年從老去山中舊業得生還遠林返照明郁落斷岸分流入海田絕頂夜晴先見日中峰春暖易生雲雨疏籬落菊開晚水潤湖田雁下遲秋晚茱畦依水種日斜郁嫗過鄰春雲中僧往茅茨屋雨後八耕斥鹵田沙淨雨苔無屐齒竹深秋墅有碁聲雷霆忽作三更雨江海疑生六月冰燈火誰家無樂事江湖此夜有離人城市已無蹤迹到江湖介有畫圖傳其詩頗難優劣洵同調也

王華禮經大義千頃堂書目題禮記大意諸書雜錄二十卷千頃堂書目乾隆志並作讀書雜錄垣南草堂稾十卷龍山稾十五卷乾隆志龍山稾作十三卷垣南草堂稾作十五卷

陳雍簡庵文集四卷　簡庵詩集四卷　三省經營集二
卷
黃濟之本草權要三卷
汪澤夢梅集　南峰稾
徐守誠慈山雜著一卷
孫燧四聖糟粕十卷　家牘稾十卷　奏議四卷　卹刑
錄二卷乾隆志合詩文啟劄奏議列集部　審錄編二卷　詩文啟劄六卷
陸恆易學指南邵家入南城詩注恆歷官石城令
孫堪孫孝子集二十卷　忠烈編九卷采集遺書錄忠烈死宸濠之難凡朝
廷卹典及諸家紀詠其功
者其子堪等錄而存之
孫陞文恪集二十卷何良俊曰文恪以清謹持己以嚴正守官對客好談作律詩之法

孫鰲松菊堂集二十四卷 孫鋌曰文器才情迸露發於詩多傲語

孫鋌承天府志

蔡鍊太白樓集十卷 四庫存目提要此編乃其管理山東河道時以濟甯州城東南有太白樓爲李白遺迹因錄諸題詠碑刻之文合爲一集而二賢祠碑亦附入焉二賢祠者州人所建以祀白及賀知章者也

王守仁五經臆說四十六卷 自序得魚而忘筌醪成而糟粕棄之魚醪之未得而曰是筌與糟粕也魚與醪終不可得矣五經聖人之學具焉然自其已聞者而言之其於道也亦筌與糟粕耳竊嘗怪夫世之儒者求魚於筌而謂糟粕之爲醪也夫謂糟粕之爲醪猶近也糟粕之中而醪存求魚於筌則筌與魚遠矣龍場居南夷萬山中書卷不可攜日坐石穴默記舊所讀書而錄之意有所得輒爲之訓釋期有七月而五經之旨略徧名之曰臆說蓋不必盡合於先賢聊寫其胸臆之見而因以娛情養性焉耳則吾之爲是固又忘魚與醪寄興於麴與筌非誠旨於味者矣嗚呼觀吾之說而不得其心以爲是筌與糟粕也從而求魚與醪焉則失之矣矣說凡四十六卷經各十而禮之六卷云說尚多缺僅六卷云

大學古本旁釋一卷 明史藝文志題古本大學注一

卷自序大學之要誠意而已矣誠意之功格物而已矣誠意之極止至善而已矣止至善之則致知而已矣正心復其體也修身著其用也以言乎己謂之明德以言乎人謂之親民以言乎天地之間則備矣是故至善也者心之本體也動而後有不善而本體之知未嘗不知也意者其動也物也者其事也致其本體之知而動無不善然非即其事而格之則亦無以致其知故致知者誠意之本也格物者致知之實也物格則知致意誠而有以復其本體是之謂止至善聖人懼人之求於外也而反覆其辭舊本析而聖人之意亡矣是故不務於誠意而徒以格物者謂之支不事於格物而徒以誠意者謂之虛不本於致知而徒以格物誠意者謂之妄支與虛與妄其於至善也遠矣合之以經而益綴補之以傳而益離吾懼學者之日遠於至善也去分章而復舊本旁爲之釋以引其義庶幾復見聖人之心而求之者有其要噫乃若致知則存乎心悟致知焉盡矣

大學問一卷 錢德洪曰吾師接初學之士必舉學庸首章以指示聖學使知入門之路征思田將發先授大學問德洪受而讀之鄒守益曰先師恐大學之失其傳也既述古本以息羣疑復爲問答以闡古本之蘊學者虛心求之溯濂洛以達孔孟其爲同爲異必有能辨之者

孝經大義一卷

朱子晚年定論一卷 自序洙泗之傳至孟子而息千

五百餘年濂溪明道始復追尋其緒自後辨析日詳然亦日就支離決裂旋復湮晦吾嘗深求其故大抵皆世儒之多言有以亂之某蚤歲業舉溺志詞章之習既乃稍知從事正學而苦於衆說之紛撓疲苶茫無可入因求諸老釋欣然有會於心以爲聖人之學在此矣然於孔子之教間相出入而措之日用往往闕漏無歸依違往返且信且疑其後謫官龍場居夷處困動心忍性之餘恍若有悟體驗探求再更寒暑證諸六經四子沛然若決江河而放之海也然後歎聖人之道坦如大路而世之儒者妄開竇徑蹈荊棘墮坑塹究其說反出二氏之下宜乎世之高明之士厭此而趨彼也此豈二氏之罪哉閒嘗以此語同志而聞者競相非議目以爲立異好奇雖每痛反深抑務自搜剔斑瑕而愈益精明的確洞然無復可疑獨於朱子之說有相牴牾恆疚於心竊疑朱子之賢而豈其於此尚有未察及官留都復取朱子之書而檢求之然後知其晚歲固已大悟舊說之非痛悔極艾至以爲自誑誑人之罪不可勝贖世之所傳集注或問之類乃其中年未定之說自咎以爲舊本之誤思改正而未及而其諸語類之屬又其門人挾勝心以附己見固於朱子平日之說猶有大相繆戾者世之學者局於見聞不過持循講習於此其於悟後之論概乎其未有聞則亦何怪乎予言之不信而朱子之心無以自暴於後世也乎予既自幸其說之不繆於朱子又喜

朱子之先得我心之同然且慨夫世之學者徒守朱子中年未定之説而不復知求其晚歲既悟之論競相呶呶以亂正學不自知其已入於異端輒采錄而裒集之私以示夫同志庶幾無疑於吾説而聖學之明可冀矣

鄉約法一卷 四庫存目提要是書已載陽明全書中崇禎間嘉善陳龍正復錄出別行

保甲法一卷 四庫存目提要是書亦見陽明全書中陳龍正錄出別行而各附題識於其下

拔本塞源論 是書見全書中陳龍正錄出別行

立志説 千頃堂書目入司馬泰三續百川學海卷二

良知同然錄二卷

陽明則言二卷 劉宗周曰先生承絕學於詞章訓詁之後反求諸心而得其性之覺曰良知因示人以求知之方曰致良知良知爲知知不囿於聞見致良知爲行行不滯於方隅卽知卽行卽心卽物救學者支離驅鶩之病孔孟以來無若此之深切著明也特其急於明道往往將向上一機輕於指點啟後學躐等之弊天假之年盡融其高明踔絕之見而底於實地則範圍朱陸而進退之又不待言矣

傳習錄四卷 徐愛序曰先生於大學格物諸説悉以舊本爲正蓋卽先儒所謂誤本者也愛始聞而駭既而疑已而殫精竭思參互錯綜以質於先生然後知先生之説若水之寒若火之熱斷斷乎百世以俟聖人而不惑者也先生明睿天授然

和樂坦易不事邊幅人見其少時豪邁不羈又嘗泛濫於詞章出入二氏之學驟聞是說皆目以爲立異好奇漫不省究不知先生居夷三載處困養靜精一之功固已超入聖域粹然大中至正之歸矣愛朝夕炙門下但見先生之道即之若易而仰之愈高見之若麤而探之愈精就之若近而造之愈益無窮十餘年來竟莫能窺其藩籬世之君子或與先生僅交一面或猶未聞其謦欬或先懷忽易憤激之心欲於立談之間傳聞之說臆斷懸度如何其可得也從遊之士聞先生之教往往得一而遺二見其牝牡驪黃而棄其所謂千里者故愛備錄平日所聞私示同志相與攷而正之庶無負先生之教云

傳習錄略一卷 四庫存目提要不著編輯者名氏取王守仁傳習錄刪存大略收入學海類編者曹溶

傳習錄節要一卷

陽明傳習錄選 會稽志劉宗周輯

陽明傳信錄三卷 千頃堂書目劉宗周輯

陽明傳習錄論述參一卷 四庫存目提要王應昌輯其子鈸續成之是編皆發明傳習錄之旨蓋姚江之學弊於明末至國朝初而攻之者彌衆故應昌父子力爲之迴護云

撫夷節略二卷

奏議八卷

武編四卷 聞人詮輯

武錄二卷

居夷集三卷

寓廣遺稾

二卷天一閣書目胡宗憲重刊　備邊八策　王文成公全書三十八卷
四庫存目提要是書首編語錄三卷爲傳習錄附以朱子
晚年定論乃守仁在時其門人徐愛所輯而錢德洪刪訂
之者次文錄五卷皆雜文別錄十卷爲奏疏公移之類外
集七卷爲詩及雜文續編六卷則文錄所遺搜輯續刊者
皆守仁歿後德洪所編次後附以年譜五卷世德記二卷
亦德洪與王畿等所纂集也其初本各自爲書隆慶壬申
御史新建謝廷傑巡按浙江始合梓以傳仿朱子全書之
例以名之蓋當時以學術宗守仁故其推尊之如此守仁
勳業氣節卓然見諸施行而爲文博大昌達詩亦秀逸有
致不獨事功可稱其文章自足傳世也此書明末版佚多
有選輯別本以行者然皆闕略不及是編之詳備焉　王文成公全書三十卷不著編輯者名氏見乾隆志　陽明文錄二十四卷四庫存目提要此編鄒守益序略錢子德洪刻先師文錄
於姑蘇自述其裒次之意以純於講學明道者爲正錄曰
明其志也以詩賦及酬應者爲外集曰盡其全也以奏疏
及文移爲別錄曰究其施也於是先師之言粲然盡矣以
守益與聞緒言之教也寓簡使序之茅坤曰入大家而下
予於本朝獨愛王文成公論學諸書及記學記尊經閣等
文程朱欲爲而不能者江西辭爵及撫田州等疏唐陸宣

公宋李忠定公所不逮也即如剃頭桶岡軍功等疏調次兵情如指諸掌況其設伏出奇後先本末多合兵法今特疑其矜功而往往口嘗之耳嗟乎公固百世殊絶人物區區文章之工與否所不暇論予特揭於此以見我本朝一代之人豪而後世之品文者當自有定議云

陽明文錄二十卷別集八卷續錄八卷 千頃堂書目不著編輯者名氏

文錄六卷 不著編輯者名氏見嘉靖志

陽明文選八卷 通志王畿輯

陽明要書八卷逸事辨證二卷 陳龍正輯

陽明要書八卷附錄五卷 四庫存目提要葉紹顒編是書成於崇禎乙亥取守仁全書摘其要語前有小序八首及凡例四條皆著其刪纂之大意

陽明文粹十一卷 通志宋儀望輯

王門宗旨十四卷 四庫存目提要周汝登輯首載王守仁講學之語並其奏疏雜著詩文而以王艮徐愛錢德洪王畿之說次焉蓋督學陳大綬之意而汝登編次之自序云首稱宗者明為千聖之嫡嗣也數門人語附見而概系之王門者統於宗無二旨之義也

陽明先生集要三編 施邦曜編輯自序云自古稱不朽之業有三曰立德立功立言然果如是之畫為三等如玄黃黑白之殊類乎非也蓋人未嘗生而有功生而有言惟此德命

於天率於性明此者謂之精誠此者謂之一惟明故誠一惟精故一是謂聖賢之學學至於誠則有以立天下之本者一則有以盡天下之變德也者一功從此託根言從此受響者也惟學之入德未至即身奏一匡之績祇成雜霸之勳名即文起八代之衰終屬詞章之小乘故上下古今伊周之後無功六經之外無言非無功與言也德之未至即功與言不足稱也先生從學絕道喪之日獨悟良知之妙蘊上接精一之心傳就不睹不聞之中裕經綸參贊之用舉世所謂殊猷偉烈微言奥論不必分役其心而已實有其理將見富有日新自然應時而發戡亂定變人所視爲非常之原者先生唾手立辦使世食其功而絕不見搶攘之迹斯名世之大業也創義豎詞人所稱獨擅制作之林者先生未嘗過而問焉不外日用之雅言而備悉夫繼往開來之緒斯羽翼之眞傳也德立而功與言一以貫之此先生之獨成其不朽哉世於先生之學未能窺其蘊奥故慕先生之功若赫然可喜誦先生之言若瞻然無奇譬適滄茫者不望斗杓爲準與波上下東西南北揣摩向往無一或是而先生之爲先生自若人惟學先生之學試升其堂焉入其室焉而後知先生之不可及也而後知不可及者之其則不遠也性命之中人人具有一先生焉人人具有一先生而竟無一人能爲先生先生於是乎獨成其不朽矣余以蚵蚾之質仰羨蟾蜍之宮每讀先生之書不啻飢以

當食渴以當飲出王與俱然行役不常苦其帙之繁而難攜也因纂其切要者分爲三帙首理學次經濟又次文章便儲之行笈時佩服不離亦以見先生不朽之業有所獨重云

王陽明集十六卷四庫存目五世孫貽樂重編案守仁全集刻於明嘉靖中久而版佚國朝康熙初貽樂爲滕縣知縣乃重爲掇拾定爲此本然視原集已闕其半其目分論學書南贛書平濠書思田書雜著書迴不及原本之完善也

陽明文鈔二十卷四庫存目提要是編康熙己巳江都張文達所編以傳習錄大學或問爲首奏疏序記諸講學書及論說雜著賦詩公移次之而終以陽明年譜

陽明全集二十卷傳習錄一卷語錄一卷四庫存目提要此本爲康熙中俞嶙所編刪除錢德洪本正錄外錄別錄之目并爲一集更其舊第首載年譜次以書序記說諸體而以傳習錄語錄附焉

案陽明先生著作經門人及後人各自編輯或分或併無慮什百種茲就所見各種悉著於志至乾隆志案中云又有正集五卷外編九卷別錄十卷實即錢刻陽明文錄二十四卷之分目不復贅列

徐愛橫山集二卷

錢德洪緒山語錄一卷陸世儀曰姚江弟子吾必以緒山爲巨擘其序傳習錄曰吾師以致知之旨開示來學學者躬修默悟不敢以知解承而惟以實體得今師亡未及三紀而格言微旨日以淪晦豈非吾黨身踐之不力而多言有以病之耶此蓋爲龍溪而發救正王學末流之功甚大緒山當日雖以天泉之會壓於龍溪然不負陽明者緒山也終背陽明之教者龍溪也

緒山會語二十五卷四庫存目提要明史儒林傳稱四方士從王守仁學者皆德洪與王畿先爲疏通其大旨而後卒業於守仁事守仁四十年嘗刻陽明文錄故稱王氏學者以錢王爲首又稱德洪徹悟不及畿持循亦不如德洪然畿竟入於禪而德洪猶不失儒者矩矱是編爲其子應樂所刊前四卷爲會語講義五六兩卷爲詩七卷以下爲雜文第二十五卷則附錄墓表誌銘雖其詩文全集而大致皆講學之語故仍總名曰會語

平濠記一卷四庫存目提要王守仁之平宸濠也其大綱具於敘功疏其細目具於年譜德洪受業守仁據師友所所見聞其陰謀祕計及一切委曲彌縫之處有疏及年譜所不詳者因作此記以補之凡黃綰所說四條龍光所說二條雷濟所說一條附載德洪隨時附論者五條又自跋一條大旨謂寧藩之敗由於遲留半月始發其遲留半月則由於守仁多設反閒以疑之守仁在日祕不言守

仁歿後始得其閒書閒牌之稾於龍光而駕馭嶋酋葉芳及陰令知縣陳霓詭漁舟以誘擒宸濠皆當時所不盡知者云

陽明先生年譜三卷　緒山文集二十四卷

徐珊卯洞集四卷　采集遺書錄卯洞隸辰州府珊時守辰州以構廟采木督役至其地構忠敬堂居之凡二年而役竣采木事宜悉著於篇其記敘詩說俱隱然有民勞之義焉　原案珊官辰州府同知采集遺書錄誤作知府

孫應奎朱子鈔十卷　燕詒錄十三卷　四庫存目提要是集前三卷皆憶言其語錄也次書二卷文二卷詩三卷次河南存稾二卷林居續稾一卷則詩文雜編焉應奎受業於王守仁講良知之學初官禮科給事中疏劾汪鋐頗有直聲然其著作則自成其爲講學家之詩文而已

閻人詩寶應縣志略四卷　南畿志六十四卷　四庫存目提要明以應天府爲南京稱根本重地有京城圖志僅載都城未詳郡縣詮以監察御史提督南畿學政因與南京太僕寺卿陳沂纂輯是書以前三卷爲總志分子目凡八次列十四府四州分子目凡十二采掇尙爲簡核　山海關

地形圖一卷　四庫存目提要東關圖一卷是編乃嘉靖王辰詮爲監察御史時巡視山海等關以涖任例取地圖而繪畫不免勞費乃取平原張祿所繪諸圖重加校正刊以備閱所載關塞二百一十有二紀其道里遠近形勢險易頗詳

飲射圖解一卷　乾隆志案此書有詮自序刻於嘉靖十五年

芝蘭集一卷　千頃堂書目作芷蘭集　朱彝尊曰邦正著錄陽明之門在南都開雕舊唐書津津好古不易得也句如花落雨餘雨風吹寒食寒興致不淺

陸相陽明先生浮海傳一卷　四庫存目提要是書專紀王守仁正德初謫龍場驛丞道經杭州爲姦人謀害投水中因飄至龍宮得生還之事說頗詭誕不經論者謂守仁多智數慮劉瑾追害故棄衣冠僞託投江而實陰赴龍場故王世貞史乘考誤嘗力辨此事爲不實而同時楊儀高坡異纂亦載此事與相所紀略同蓋文人之好異久矣

吳舫集

錢應揚尚書說意　乾隆志案應揚長於說經歸安茅坤師事之白華樓集所謂錢後峰先生也

後峰存眞稾六卷

胡瀚心箴圖　彭定求明賢蒙正錄胡公瀚七歲端重如成人一日問塾師曰學孔門以何爲入門塾師大異之其從父友湖公召語之曰孺子願學乎學在心心以不欺爲主公唯唯著心箴圖就質於王文成公文成公喜曰吾小友也

古樂府類編四卷　今山集一百卷

楊珂怡齋集一卷　邑章成曰祕圖與文長並爲當軸所徵而祕圖不就故名不出於越遺集散失武林門人范氏掇拾爲祕圖先生遺詩一卷今歸其後裔史章　張廷枚敘余喜讀鄉先生書見輒錄之積二十年頗有所獲囊無餘資付梓五六種外不能盡爲流傳藏以有待也祕圖先生詩則屢購之未得嘗於所見墨蹟中錄有數首久已失去頃萊庭史君過訪話及皮架有刊本急借閱之乃先生亡後新安范氏得其手書草稾摹刻於武林宜鄉里無傳耳彼時未經決擇不無率意酬應之作略爲去取得詩如干首增入黃氏逸詩所載及所藏先生手書本假山歌編排成帙雖未稱全豹亦非僅一斑矣

徐鳳正蒙易解

葉鳴五經一貫　大學古本注　中庸注

胡鐸易說　典學說約　傳維麟曰時人多厭棄傳注鐸爲說以辨之曰傳注所以翼經儀禮之喪服非子夏之傳禮乎十翼非孔子之傳易乎漢儒傳經明制度辨名物功亦博矣使當時無此後世何所取證耶老莊之教尙虛無滅禮法楊墨申韓皆其流也秦用其教而焚書晉用其教而基亂今奈何復蹈斯弊哉　支湖雜說　支湖集二十卷　孫陞曰公撰著皆崇正學闢異端薛文清而後一人而已　黃子彙曰文學似曾子周篤實似司馬溫公房無侍妾宅無樓臺似趙清獻

倪宗正易說　翁大立曰孫忠烈未第時以易學擁皋比先生年十七執經門牆忠烈曰繼吾傳者子也後與蔡虛齋胡支湖有三先生易說傳世　謝文正公年譜一卷　小野集二十二卷　四庫存目提要宗正所著有豐富集冥几集觀海稾太倉稾晚年復有小野集十六卷此本二十二卷蓋國朝康熙中其七世孫繼宗彙輯重刻而題以最後之名者也謝遷豐富集敘述李東陽之言謂明之詩文至宗正而集大成未免推之已甚宗正嘗有詩云偶入棠陵眼難齊少谷肩棠陵方豪別號少谷鄭善夫別號也可謂自知之審矣　黃宗羲敘吾姚文章之統代不乏人隋唐以上歸之虞氏有宋則孫季和高九萬爲傑出元末明初作

者林立鄭辨方九思之徒集皆不傳其最著者爲岑靜能宋無逸雖有集亦皆殘缺失次寥寥百年木齋陽明起衰而同時聲應氣求者則有馮雪湖倪小野先生又寥寥百年則有孫文融葉六桐嗣其傳吾姚稱文章淵藪其可考見者亦僅如此然君子之澤五世而斬岑宋謝馮之後未聞有以文章顯者而陽明三世而絕文融無子六桐孫曾零落小野先生至吾友君芳蓋六世矣詩書之業數百年若一日其後繩繩未艾甲戌冬命其令嗣繼宗詣余求小野遺稾并問敘於余蓋將彙其全集刻以行世也嗚呼莫爲之後雖盛弗傳小野先生其有傳人哉余嘗至賀溪有故老曰此宋倪文節公之故居也其曾孫倪安道與趙考古相唱和山川至今猶韻夫文節倪氏始遷之祖也文節之文章莫大於昆命元龜之議斂其光華避於海島豈意數傳之後小野代興小野數傳至於君芳之後當有達者亦如小野之接文節吾於是集之刻有以卜之也當小野先生在時吾族祖蟄庵先生倡爲竹橋十詠小野先生敘而和之聯爲卷軸至今寶之今君芳將刻是集而余樂爲之序者竊比蟄庵之於小野也孔李通家留爲後人佳話不亦可乎

案小野集四卷及豐富突兀兩集嘉靖康熙志皆已著錄此爲先生全集第一卷奏疏敘第二卷壽敘記識題跋祭文雜著第三卷賦詞樂府五言古詩第四卷七言古詩長短句第五卷五言律詩第六七卷七言律詩

第八卷絕句排律詩餘聯句別集附清暉樓詩附未足二十二卷之數俟考

觀海集四卷附錄一卷

方豪敘略正德五年太倉守倪子上六事首議開白茅港天子下其議於監司監司遣大邦伯林公往視之余見於常熟之支塘遇倪子以途中所得詩呈公與倪子見和凡若干首公命從遂與倪子由白茅港從至海上風雨往反得詩凡若干首及公由常熟反余與倪子由太倉反至雙鳳分道不忍復隨倪子至太倉而後反又得詩凡若干首比歸若有重獲志意悵也际昔小矣重茲遊也故錄之重同遊者也故刻之集中觀海唯一首然皆因觀海得也故曰觀海集

太倉稾一卷

方豪敘略餘姚倪宗正由翰林院庶吉士出守太倉既而開化方豪亦來牧崑崑與太倉近二人志趣又似故相與甚驩也一日同自海歸宗正以其稾示豪豪素妄狂在宗正益弗顧忌開有意合處輒用評點一日又同之蘇州亦復然凡各有作罔弗互正也近宗正因臺諫有言召入兵部將行豪乃取其爲於太倉者編爲一卷所未評者補之命之曰太倉稾刻之拙牧廬

小野集四卷

倪章政章祖諱宗正字本端小野別號也弱齡諸書無不閱尤潛心易義作說數百篇今與虛齋蔡先生並傳者是也嘗閩甬川張公曰小野詩文詞因理暢不鐫刻不組繪不詭險生意不窮一出於自然而已體格後先差不相似在館院時

精密淵深至於遷謫雄偉嚴飭致政以後不事繩墨而度合不假斤削而思精淡若太羹無遺味者矣此張公評何大復李崆峒鄭少谷而推吾祖爲四才子也豈不能盡述其論抑不敢耳蓋侈言近誣太遺近慢惟識先正之言一二云記曰先祖無美而稱之是誣也有善而不知不明也知而不傳不仁也誣之固所不敢不知不傳豈特慢焉而已誠可懼也孟河馬先生編選隆慶辛未始就次分爲四卷愧不能鏤全集之備藝文也

豐富集四卷

謝遷序小野倪公丕兒同年畏友也論其文章氣節在老木方欲低頭拜之豈特爲後生小子景行法式已哉李西涯云本朝詩文濃奇平淡皆各臻其妙至姚江倪小野而集大成可謂知言矣公平日吟詠甚夥三十年來不下萬首余特錄其若干卷名之曰豐富集以示丕兒夫不學詩無以言余固將以豐富之集爲趨庭之訓云

不突兀集四卷

錢德洪跋洪不敏竊嘗受業於小野倪先生之門追從陽明王先生聚徒講學於龍泉山之中天閣遂從而卒業焉兩先生之文章理學洪皆嘗心契其微而不能强分優劣猶之乎日月二曜之經天人縱欲高下其議論而不可得也至王先生謂先生詩文逼近陶杜近日何李諸公遠不可逮因是知先生平日爲王先生所推服久矣突兀集四卷王先生所選錄也洪郎以王先生之言附識於後世之讀先生之詩者其亦可以知所寶矣

楊祐古訥子一卷　開元日訓錄三卷　學鳴集二卷

謝丕歸省錄

倪宗正跋弘治乙丑謝汝湖登第之年也是時國家之治隆盛之極正德丙寅初政嗣舊汝湖以侍從之臣蒙恩歸省奉封敕挂錦衣展拜庭幃士大夫榮之既而逆豎亂政而少傅木齋公首被罷去汝湖以其子削奪官爵坐受廢棄於是賢俊剝落紀綱蕩滅天下洶洶者一十六年汝湖讀書樂道於湖山之間若將終身焉者迨今上御極恢復弘治之政舉用舊政誅斥姦黨木齋公隆以封錫厚以存問汝湖仍復舊官行將柄用夫君子出處關時運之盛衰汝湖之出也何時今其處也何時今其再出也又何時予觀茲錄予於是乎有感焉汝湖之歸也固有所為也若預有所見而然者受命二載優游治裝亦有所為也若恬退以自安者夫以世之功名之士觀之予於是乎有羨焉竊念汝湖之登第也宗正附驥為逆豎之外改與眾升沈無所樹立今則又以病謝事夫不可為而為可為而不能為觀汝湖出處予於是乎有愧焉

肥遯齋稾

倪宗正序略汝湖連魁天下官居翰苑尼於逆豎而家居者十有餘年遂遯於汝湖之山是山前此一荒邱也自汝湖營治其間一邱一壑一石一草一木為之曲成皆得以效其奇秀與夫煙嵐雪月風雲之變魚鳥之態耕牧漁樵之侶增其美勝品題嘲弄不一而足

精神意興之所寄一也故在於山者猶在於文章也在畱於文章者猶在於山也　案小野先生集題遯山稾

園集黃宗羲日汝湖詩如拂面曉風霜有力照人寒潤水無心試看吾輩詩如子笑數同庚幾見孫皆佳句也

濟美集倪宗正序略文正公平日以義理爲學而汝湖夙承庭訓故奮筆寸晷自肺腑流出綴緝鍛鍊非惟無暇且不屑也發揮義理而大經大術行焉未嘗無氣也而不洶以暴未嘗無節也而不急以促未嘗無法也而不刻以附未嘗無機也而不鈷以巧義理所到四者相因以見固非加意而爲之者也渾厚醞雅之體於此乎具公父子天才英敏科場之士未易希及而所以爲式者端有在矣是錄刊於謝氏義塾以詔諸生君子以世濟其美故易名曰濟美錄云

馮清濯菴集二卷千頃堂書目總督宣大侍郎　案原題濯淸集今正

張懷雞鳴集　茹茶錄

于震東溪集倪宗正敘東溪于公詩文若干卷屬宗正敘之宗正謂詩始於三百篇文始於典謨訓誥後惟杜工部韓昌黎詩文近古黃庭堅詩師杜歐陽永叔文師韓卒自成家世稱黃詩歐陽文也夫公之作若無所

師而亦無所不師詩之雅或淩於杜文之義理誠有韓之所未及者其骨完以堅其氣厚以昌其意遂以長其味淡以眞而不可以風容觀也詩可以奏廟堂而歌樓舞榭未之宜文可以喻鬼神而市井之徒未之悟也其調彌高其和彌寡千百人知之而不足一人知之而有餘世有膾炙人口誇耀耳目皆下里之音也何也蓋說諸心者深而說諸耳目者淺也夫文所以達義理詩固不可以義理論然不得於義理未有得於詩者也公之學惟明義理而已博極羣書尚論古人於諸家考源流蒐華實坐談之閒摘一詞舉一篇無能遁情故發揮吟詠而疊出無窮獨不觀諸山川乎包含停蓄之餘煇耀日月絢繪雲霞鏘鍧雷霆區區纖媚瑣怪不足爲靈也宗正謂公詩出入有唐名流文出入有宋純儒其不沿襲以自成家其于之詩文也噫

東溪類稾

倪宗正序東溪公一日曰明中庸首章太極圖說不觀可也眾愕然宗正徐曰此公道明之言也夫中庸天命止一言豈子思於太極陰陽五行變化祕而不洩君子修之之功如戒愼謹獨若是其繁賾蓋其功至則下學上達太極陰陽五行變化自然昭會見太極即見無極是故君子患不修耳子思示人獨至周子書其所得以示人詳略相因一而已矣因是以知公平日論議發明斯道類若此其人情物理世變事機了了於漫語之閒宗正少師舉業後頗聞餘緒其子廷寅授受膝前筆而爲

書宗正嘗謂公聰睿過人弱冠通周易四書長兼通各經旁涉子史羣典故其爲文舉業冠一時古作淩駕前人皆其餘事而此書則淵源根柢也夫斯道古聖賢至於朱子明矣公嘗謂世儒少樹門牆遂排朱子吾於朱子之言說而安之特時有發揮所謂百世以俟聖人而不惑者夫古稱王佐之才豈別有絕能以爲人所不能爲者哉不過斯道既明而無私以行之則識達而舉機動而應正體統急時務鋪張天下之事而所以佐王者畢矣此公之才惜小試而止廷寅得之宗正於是乎屬望焉　案小野先生集題東溪雜著

陳鉅說文解字韻譜二卷　自跋略宗許氏說文以篆字爲主以洪武正韻爲韻參以籀文古篆奇字通釋類釋復古編正譌本義書學正譌韻府諸書有一篆字而數字可通用者有一篆字而篆法一二不同者有篆文與楷殊異者有有楷而無篆者輯爲二卷分五聲列七十六韻共計一萬零二百九十五文重一千三百三十九字其有篆無楷者則具楷字百二十二字附焉以備全韻豈專爲韻設哉因韻以齊篆也

黃文煥東閣私鈔　黃宗羲曰文煥開州教諭王文成命子正億從之受經著東閣私鈔記文成語

黃淵難素箋釋八卷　本草考證二卷　鍼經訂驗一卷

黃嘉仁半山遺稾

舒纓黎洲野乘 四庫存目提要是書乃其遊戲之作爲太極氏本紀者一爲性書學書者二爲歲月日時表者四爲悅翁愚隱君何有先生逋盜魚言達觀居士中虛子浣公等列傳者八皆仿史例爲之蓋亦莊列之寓言也

余誠易窩雜言一卷 易圖說一卷 通鑑編年六十卷

胡玠醯醋集 百拙子集 案原題百子集今依乾隆志

張逵青瑣疏略 允庵詩集六卷 天一閣書目其詩家食時爲初稾卷一成進士改庶吉士爲翰苑稾卷二給事黃門爲諫垣稾卷三落職丞吳江爲南遷稾卷四謫戍遼海與得罪諸臣遊爲義樂集卷五摘其聯句若干種附卷六 千頃堂書目題久庵蓋形近致誤又云一作義樂集 案明史綜作義樂集

楊撫餘姚縣志十七卷 天一閣書目邑人楊撫修並序 千頃堂書目題楊撫岑原道胡膏 案卽嘉靖志今從天一閣鈔得缺五卷上以前自第五卷山川下始至十七卷終有岑原道譔後序

學約

古文三卷天一閣書目楊撫定岳倫輯谷繼宗校

西槎集天一閣書目伍偉序二檀楊先生以嘉靖丙戌冬奉命督木西川自出朝以歷吳越荆楚上下三巴之地每有所感輒發諸聲詩曰夙夜匪懈所以事乎其君也公曰恩私何以報公之忠猶山甫也詩曰說于桑田所以憂乎其民也公曰停車問農事公之仁猶文公也菁莪有詩客至有詠其情同也卷阿有雅釣臺有懷其趣一也噫公其深於詩者哉

魏有本大理駁稾

淺齋文集

龔輝全陝政要略四卷四庫存目提要是書首陝西省治次自西安府以下分府紀錄有藩封公署官司戶口田賦河防關隘馬政屯田諸目末爲邊鎮圖於山川形勢關隘汛地道里遠近皆繪圖而列之輝初承巡按御史登州浦鋐檄纂輯全陝政要總督三邊軍務楊守禮爲之序後以卷帙繁重復節爲此本僅存梗概故名曰略焉千頃堂書目四卷注一作二卷

全陝政要錄千頃堂書目題浦鋐撰案四庫存目有龔輝全陝政要略提要云輝初承巡按御史浦鋐檄纂輯全陝政要後以卷帙繁重復節爲此本是此錄實出輝手黃氏書目載全陝政要略亦題龔輝今據改

西槎彙草一卷四庫存目提要嘉靖時營仁壽宮輝

以營繕司主事奉使督木四川得大木五千餘株版枋如之部劄欲再倍其數公私俱困民情洶洶輝乃繪山川險惡轉運艱苦等狀爲十五圖前後各得圖說具奏竟得旨停止後列劄子三篇又附載詩文數首其曰西槎彙草者輝嘗使浙東故此名西槎以別之也其圖說劉子皆剴切酸楚使人感動與張問之造甎圖說相等　天一閣書目西槎彙稡草二卷

西槎疏草二卷

陳塏周禮存疑　戴記存疑　千頃堂書目題禮記存疑案浙江經籍志作載記存疑疑字形之誤經義考以作鄞人撰亦誤

名家表選八卷　四庫存目提要是編塏官廣東提學副使時所選以訓士子者凡唐表一卷宋表七卷案胡松有唐宋元名表一書所錄頗爲醕雅此與松書體例相近　自序四六之體起於六朝時則文無非四六者唐宋以來始專用其體於詔誥表箋啟而博學宏詞科則以之試士國家設科去詞賦聲律而仍用詔誥表蓋詞賦無用而詔誥表有用也近士子應試率多作表取中然猶嫌其麗而未則或漫而不工子謂表莫盛於唐宋唐表雄渾然有出入至於揣摩聲律翦裁典故敷陳事情而意明暢則惟宋表爲然故宋人往往以四六名家我朝所錄程表高者不減宋人其餘渾厚則有之文采不及也故表學至於宋人不可加

矣予校士之暇取唐宋諸名家所爲表選其尤工者鈔之而尤多於宋類爲八卷刻之崇正書院以與嶺海諸士子共之受歟稾

近莊書屋詩集　邵家人南城詩考槃記是碩人邁身後浮雲亦早過訪得故家留一冊南雷搜采本無多

呂懋拙庵集　原注贈太傅懋文安公祖著有拙庵集今呂氏尚有家傳刊本姚江逸詩南雷無意所選故名歸於鄖大參如拙庵詩亦不列卷中

許曉庵宮詞　倪宗正序唐有宮詞昉於關雎也婦道也臣之於君猶婦之於夫也分莫嚴於君臣情莫親於夫婦分而通之以情感喻之機也此離騷之所以託也孔子曰關雎樂而不淫哀而不傷愚嘗以是而論宮詞盡之矣靡麗樂也悽慘哀也君子懼其流也況至於淫且傷哉我姚許曉庵嘗爲國子官宗正以國子生輒侍言論質直慷慨多所曉譬沒後三十餘年其子出其手製宮詞一編蓋曉庵詩學少師父兄詞婉旨奧源洪流長本於關雎正也比於離騷眞也用事不以幻誕爲高典也立文不以僻怪爲奇顯也過靡麗於揄揚之際懲悽慘於嗟歎之餘職卑而地散冀傳以達

曉庵之志矣嗚呼厚哉

呂本通鑑綱目續編考正案千頃堂書目題呂原呂原別一人疑誤館閣類錄二十二卷乾隆志案澹生堂書目又有纂修記注二卷案明史藝文志千頃堂書目並同康熙志題館閣漫錄考黃氏書目是書下連屬張元忭館閣漫錄康氏偶未及審牽合兩書爲一其爲誤題無疑今依乾隆志

奏謝稾　永錫錄十二卷　四明先賢記　期齋集十六卷四庫存目作十四卷　太傅呂文安公葬錄一卷天一閣書目萬歷年梓不著撰人名氏

諸變易經心說　通鑑集要三十八卷天一閣書目作十卷

盧璘肇慶府志十七卷　餘力錄疑

呂元句餘八景東吳顧存仁跋予少慕句餘邑治爲虞舜過化名都入國朝代生鉅人恨不一至其地嘉靖壬辰私幸竊仕其邦有龍泉山者俯瞰大江坐鎮邑治予莅政堂署每有秀壁蒼巖朝夕萬狀常在几舄是歲甲午爾舍之前有祕沼一區並蒂蓮生明年乙未連綴名魁特盛往額予作考祥亭記同年呂相公入佐政府創

築邑城南北並峙中貫大江金湯險固海警乂安疆宇人文煥然一新呂公伯子調甫以八景標題歌詠隆平有治沼呈祥萬堞雙環等諸詠邑人王郡博者不遠千里戾止吳門首出題句索予和篇漫竊效顰并述始末

孫鈺思則堂前後稾

翁大立春秋全意　國朝文選　奏議九卷原題督撫江西奏議二卷總理河道奏議二卷審錄江西奏議五卷

趙錦奏議九卷陶望齡曰公論事之文直而不怒詳而有體和雅剴切善指畫情事讀之使人心開意消其劉更生陸贄之流亞歟　乾隆志案此書分留臺疏稾一卷光祿疏稾一卷巡撫疏稾一卷工部疏稾一卷留都疏稾一卷內臺疏稾三卷劉太守尙華刻於萬歷辛卯末卷爲召用疏稾其子渚卿所續刻也　馬市奏議一卷

徐克純禮記心說

胡安說約編　鉤玄篇　趨庭集十二卷

周思宸夢覺星平

黃尙質青園日錄千頃堂書目乾隆志並作青園錄

姜子羔對揚詩集四卷黃宗羲曰太僕幼侍王文成講席不與詩人爭一聯半句之工然俊爽之氣涌出行墨之間不可掩也

張岳周易辨疑　性善解　太極通書釋

陳有年恭介公集十二卷孫鑛曰公刻意古文辭郎小劄無不經意嘗有志全史余謂其空自苦則曰第恐才謝左馬爾果勒成一家後世必有鍾期未至卽覆醬瓿也然竟未克成

邵陞兩臺奏議十卷

趙漼卿蒹葭小草陶望齡曰公雅與明州屠長卿隆吳人王百穀穉登上虞葛公旦曉爲唱和之友其詩如秋潭獨照野鶴孤芳清旨足尙也

錢怡肅甄陶集四卷

錢人楷靖海編八卷

胡維新兩京遺編五十七卷 四庫存目提要是刻凡新語二卷賈子十卷鹽鐵論十卷白虎通二卷潛夫論二卷仲長統論一卷風俗通十卷中論二卷人物志三卷申鑒五卷文心雕龍十卷共十一種

謝敏行東山志十九卷

聞人德潤禮記要旨十六卷 四庫存目明史藝文志朱彝尊經義考並題禮記要旨補

呂本序略余友聞人越望氏舉進士列銜翰林居禁近遭讒外補越望於學無所不窺尤邃於三禮越望沒而所著禮記要旨爲四方學者繕寫傳誦吳子昆泉懼其久而譌也乃命工以廣其傳

王承勛瑞雲樓集 胡應麟曰叔元爲伯安先生冢孫以列侯督樞筦董江防總理漕政每臨江而横槊出塞而擁鞍分閫而運籌登壇而仗鉞以至留賓西第乘興南樓坐嘯霜空輕裘雪夜興會所觸一發於詩歌揮灑性靈陶淬風骨固宜以鴻篇鉅製驚弇州之座也

胡時化大學注解正宗一卷 注解孝經一卷 孝經列

傳七卷　名世文宗三十卷自序略余承乏合肥越五載未能優仕然不敢廢學因裒集戰國至宋之文爲之音釋以訓多士　乾隆志案此書前有郭子章序後王錫爵重釐定爲序

盧望信心錄

葉逢春工部集十六卷孫鑛曰叔仁讀書多取大略每采風神於文字外爲文意到即書藻繪隨筆跌蕩不羣　起漕稾

蔣勸能姚邑賦

沈應文順天府志六卷四庫存目謝杰撰沈應文續成之　莊敏奏議十二卷

孫鑛評經十六卷四庫存目提要是編詩經四卷書經六卷禮記六卷每經皆加圈點評語禮記卷前載其所評書目自經史以及詩集凡四十三種而此止三種非其全書然詩經前有慈谿馮元仲序稱其舉詩書禮鼎足高峙蓋元仲所刻者以三經自爲一類也　別評史記百三十卷　評漢書

七十卷

紹興府志五十卷四庫存目提要張元忭孫鑛同撰是志分十八門每門以圖列於書後較他志易於循覽體例頗善末爲序志一卷凡紹興地志諸書自越絕書吳越春秋以下一一考核其源流得失亦爲創格

韓非子節鈔二卷

翰苑瓊琚十二卷

書畫跋跋六卷四庫全書作三卷續三卷乾隆志案此書刻於乾隆中任蘭枝杭世駿爲之序

坡公食飲錄二卷

居業編四卷

居業次編五卷千頃堂書目題月峰居業

今文選十二卷四庫存目提要是編裒錄明人之文所選自羅玘至李維貞凡三十一人並撮舉其姓氏爵里於卷前其前七卷稱今文選後五卷稱續選排觀其自序蓋以李夢陽爲宗故明初諸人皆不之及焉

律排體十卷乾隆志案此書分排律之體凡三十一刻於萬歷辛丑

史鈳百一稾案鈳善古文一時名流傳記誌銘多出其手積稾甚富後燬於火仲孫可書追錄所聞僅得百一因以爲名族人孝咸序之欲刊未果咸豐間裔孫森得可書所編本與其族人愛山榮江同校付梓今版又佚惟存副本矣

鄭伯乾河圖說　大學絜矩解　涉史謬論

沈景初茁蘭堂集十卷　沈莊敏公年譜一卷撰人佚

姜鏡書經見解

胡時麟卷阿集二十二卷乾隆志案時麟分巡金滄道薙毒草以驅瘴癘因爲說以相曉諭滇人德之其述西南土司之害擘畫中機宜可與土司傳參考

何艮臣軍權二卷四庫存目作四卷　陣紀二卷四庫全書作四卷　利器圖考　制勝便宜

蔣一彪古文參同契集解三卷四庫全書提要魏伯陽作參同契原本三篇自彭曉分章作解後來注家雖遞有併析而上中下篇之次序俱仍舊目至明楊慎始別出一本稱南方掘地得石函中有古文參同契上中下三篇敘一篇徐景休箋注亦三篇後敘一篇湻于叔通補遺三相類上下二篇後序一篇合爲十一篇自謂得見朱子所未見一彪此注即據慎本而作故謂之古文其彭曉陳顯微陳致虛俞琰四家之注悉割

裂其文綴於各段之
下故謂之集解云云
孫如法古春秋傳六卷　廣戰國策十七卷
谷家杰周易會宗二卷乾隆志案家杰萬歷中諸生粹於經學隱居教授成易說數種會宗
二卷近於舉業門弟子梓行之韓敬鄭光昌
爲之序中多見道之言周易折中采用之
胡敬辰檀雪齋集四十卷四庫存目提要是集以所著詩賦雜文及官縣令時讞牘共爲
一編其文故爲澀體
詩格亦公安之末派
吳道光日鑄集
孫繼有尚書說乾隆志案繼有書說欽定書經彙纂中采用之
孫有聞桐竹廬詩文六卷
蘇萬傑大易近言四卷
姜逢元禹貢詳節一卷乾隆志案逢元節蔡氏傳引諸家說以補之呂章成爲序

姜陛續今文選

許鏘秋塵集　英白堂山居詩槀

黃尊素四書緘八卷　說略　隆萬兩朝列卿記二卷自序略江右雷司空綜核國朝列卿而記之前有年表後有行實司空未嘗雌黃其閒然後人見其名而莫辨生平巍然居於高位不問而知爲鄙夫矣隆萬以來原書闕載余因儆南北部院寺司巡撫題名彙輯之國家玄黃之戰未有甚於兩朝者也公卿之位所以待天下之賢者而天下往往不顧廉恥以殉公卿雲煙過眼紙上之好醜不能磨滅亦可慄然而思矣　忠端公集六卷倪元璐曰公之諫草欲使賈言失至陛語驟新故可以汗青竹而爲光鍊黃鉉而不覆也

施邦曜四書講要一卷案是書在忠介集中　忠介集朱彝尊曰恭愍從容自經書其案曰慚無半策匡時難惟有孤忠報國恩蓋初不以詩名者而自饒風格

葉憲祖大易玉匙六卷　蜀游草一卷施邦曜曰公困於公車二十餘年縱

觀墳典彈意撰述月峰孫公評點周秦漢魏之書必商之
公始定及歷仕宦好學不倦熊壇石稱其詩文合漢唐之
長云　案康熙志載有白雲初稾入蜀記不及此二書或後刻歟

入蜀記　白雲初稾

白雲續集二卷　青錦園集續集

邵琳曉山堂詩集四卷　洪洞縣志八卷

姜天樞曉堂集　姚江逸詩天樞字靜甫以任子官工部郎中晚年接尋越中名勝見之題詠是時越中詩人多三吳習氣工部獨任本色

黃夢奎環碧軒文存　兩徵山房詩稾

黃夢壁行素堂稾　四書按

張廷賓瀑雪集六卷　李鄴嗣曰友人爲余述妙高臺奇景夜盡起見天地湛然須臾赤日自大海湧出豁然當心暮迎望月亦如之道嚴居此臺二十餘年日以妙心與山水相關而後見諸吟詠能爲乳峰氣色增靈助異　高宇泰曰公昔以文章著聲浙闈余爲其教鄞時弟子今以道德之身爲飛湍峭壁所映發者幾三十

年殆詩與禪合爲一矣

滑惟善寶櫝經

岑乾奕選一卷

張廷宰蘭陵游覽志　兀者蝸言二卷

陸日焜春秋彙編

邵之詹豔雪堂集林時對曰先生挺身入舍志決江濤裏足四明魂銷瀑雨其歿也以詩槀殉葬今傳者皆其少作

許暢燕臺新吟　蒼山吟

邵訥易簡經驗方二卷天一閣書目李汝華序　本草摘要一卷天一閣書目晉陵龔道立序

陸煥章雙忠錄二卷天一閣書目記明正德閒孫許二公忠烈事

華復元王文成用兵心法一卷

崔鐵孫忠烈公傳一卷

王庸補注唐詩正音二卷

黄義安反舌吟

陸道和金匱清規一卷

朱之瑜舜水先生文集二十八卷日本源光圀輯源綱條校刊安東守約敘略先生在明文字一無所傳今所編次皆長崎所作先生殁後守約錄送交趾所作亦在其中天和壬戌冬先生故地罹災原稾悉爲灰燼乃命府下士出其所藏稍稍得完凡奏疏詩賦書啟揭尺牘策問論說敘記碑銘祭文雜著二十六卷陽九述略一卷安南供役紀事一卷　案先生鼎革後隻身居日本講學倡道日本尚如三代封建之制源先圀爲水戶藩侯乃其一國之君師事先生稱門人殁後爲禮葬時祭實魏文齊宣所未聞至今日本人尊先生如亞聖亦海外盛事也綱條即光圀世子並及先生之門文集向未流傳中夏今始有購歸者泊舟稾

餘姚縣志卷十七藝文上終

光緒重修

餘姚縣志 卷十七

藝文下

國朝

黃宗羲易學象數論六卷 自序略易廣大無所不備自九流百家借之以行其說而易之本義反晦世儒過視象數以爲絕學故爲所欺今一一疏通之知其於易本了無干涉而後反求程傳亦廓清之一端 汪瑞麟曰易之有象數易之所以成易也自漢以降異說紛紜自謂有得於象數之精微究於易何與焉梨洲先生通天地人以爲學慨象數之失其正而爲異說所汨也辨其倚附於易以似是而非者析其離合爲內篇三卷論其顯背於易而自以爲易者抉其底蘊爲外篇三卷

書經筆授三卷 江藩漢學師承記授書隨筆一卷閻若璩問尚書而答之者 乾隆志案宗羲謂荀子引道經以證其性惡之旨非出於虞廷之授受太原閻若璩稱爲經神再見又謂古文雜取諸子語有醇疵學者當分別觀之固持平之論也其辨受終文祖尤能貫通禮訓焉

春秋日食厤一卷 全祖望曰據三統厤以上推春秋日食辨衛樸所言之謬

深衣考一

卷附黃氏喪制考乾隆志案此書辨諸儒深衣之異論葬制或問　孟子師說二卷漢學師承記作四卷因蕺山有論語大學中庸諸解獨無孟子以舊聞於蕺山之說集爲一書故名師說　宋書補遺三卷全祖望曰公欲修宋史而未就僅存叢目補遺　宋朝錄四卷　明史案二百四十四卷　弘光紀年一卷　隆武紀年一卷　永厤紀年一卷　魯紀年一卷　歷代甲子考一卷四庫存目提要魯隱公以上甲子漢志與史記不同黃道周主史記宗羲以其與尚書不合嘗與朱朝瑛反覆辨論謂當從班氏以武王克商爲己卯歲歷引尚書及竹書紀年以證之此篇即答朝瑛之書已載於南雷文定中曹溶收入學海類編改題此名實非其舊也　贛州失事記一卷　紹武事紀一卷　四明山寨記一卷　海外痛哭記一卷　日本乞師記一卷　舟山興廢一卷　沙定洲記亂一卷　今水經一卷自序略水經之作禹貢之遺意也酈善長注可謂有功是書矣以越水證之以曹娥江爲浦陽江以姚江爲大

江奇分茗水出山陰具區在餘姚皆錯誤之大者乃不襲前作條貫諸水名之曰今水經

四明山志九卷　自序余家四明山在北面七十峰之下所謂翠竭也顧入山中之路有三自橫溪而入踰高地嶺則爲白水山自三溪口而入踰清賢嶺亦白水也自藍溪三峰而入經大小　上大蘭山則爲杖錫度黃官勃鳩二嶺則爲雪竇蓋少者五十里多者亦不過八十里窮日之力皆可至而吾鄉之人閒談四明之泉石未嘗不如華嵩之不相及也況於來游者雲煙過眼曾能得其彷彿乎余往來山中嘗有詩云二百八十峰峰峰有屐痕因以足之所歷與記傳文集相勘每牴牾失實歲壬午作四明山志癸丑重爲改竄始得成書　乾隆志案四明山志據丹山圖詠分四面各七十峰然圖詠多舛漏如東洞天不載太白一帶北洞天不載沃州一帶皆未及補正餘姚聚粒山谷家尖皆屬於四明亦不爲載入至詩括文括僅舉大概蓋草創未成之書也

四明山古蹟記五卷　采集遺書錄即四明山志槀互有詳略因兩存之

台宕紀游　匡廬游錄二卷　律呂新義二卷　漢學師承記少時取餘姚竹管肉孔勻者截爲管而吹之知十二律之四清聲乃著是書

玄珠密語　氣運算法　句股圖說　開方命算　測圜

要義　圜解一卷　割圜八線解一卷　新推交食法一卷　時憲厤法解二卷　大統厤推法一卷　大統厤法辨四卷　授時厤故一卷　授時厤法假如一卷　西學厤法假如一卷　回回厤法假如一卷　姜希轍序略律厤一家三代以來儒者鮮有不通其說至宋而失其傳間有究心者往往私爲獨得名之絕學故儒者多不知厤余友黃棃洲先生精於性命之學裁量諸儒宗旨徹其堂奧嘗入萬山之中芟舍獨處古松流水布算簌簌其發厤學之書十餘種間以示余余取其假如刻之

二程學案二卷　四庫存目提要是編以二程造德各殊因輯二程語錄及先儒議論二程者各爲一卷百家又以已意附論各條之下然黃氏之學出王守仁雖盛談伊洛姚江之根柢終在也

宋儒學案元儒學案　葉其逵曰棃洲先生既成明儒學案又上溯宋元諸儒併輯學案未成而卒季子主一先生繼之四明全謝山先生又繼之迄未成編最後四明王孝廉梓材依全氏百卷序錄一再校補始成完書初校本刻於慈溪馮孝廉雲濠重校本刻於道州何太史紹基何刻最爲精緻雖字盈百萬無訛俗體惜未

幾板燬於火翻刻及删刻殊少善本矣王氏又有宋元學案補遺百卷尚未刊行

明儒學案六十二卷 采集遺書錄各案先崇仁次白沙次河東次三原次姚江而以浙中江右南中北方閩越分列則王門弟子也次止修次泰州次甘泉而其一再傳三傳者竝見焉然後述諸儒及東林而以蕺山殿皆繫其爵里并論著亦采之

宋文鑑　續宋文鑑　宋文略　元文略　元文鈔 漢學師承記江藩云以補呂蘇二家之缺

宋元文案 黃百家撰行略宋元儒學案宋元文案已有稾本未經編輯

明文案二百卷 采集遺書錄自序云有明文章自宋方以後東里春雨繼之一時廟堂之上皆質有其文景泰天順稍衰成宏之際西涯雄長於北匏庵震澤發明於南從之者多有師承正德間餘姚之醕正南城之精鍊掩絕前作至嘉靖而崑山毘陵晉江者起講究不遺餘力大洲後谷相與犄角號爲極盛萬歷以後又稍衰然江夏福清秣陵荆石未嘗失先民之矩矱也崇禎時三吳閒傳崑山之典型同時江右之艾千子徐巨源閩之曾弗人卓犖相望計一代之制作有所至不至要其大旨罔有不同此書分體編次凡閱明人集不下千餘種其始事於康熙戊申卒業於乙卯蓋梨洲初選本也黃百家黎洲府君行略作二百一十七卷

明文海四百

八十二卷 四庫提要宗義於康熙乙卯後前嘗選明文案二百卷既復得崑山徐氏所藏明人文集因更輯成是編分體二十有八每體之中又各為子目賦之目至十有六書之目至二十有七序之目至五記之目至十有七傳之目至二十二文之目至十有三考閻若璩潛邱劄記辨此書體例謂必非黃先生所編乃其子主一所為若璩嘗游宗義之門其說當為可據蓋晚年未定之本也明代文章自何李盛行天下相率為沿襲剽竊之學逮嘉隆以後其弊益盛宗義之意在於埽除摹擬空所倚傍以情至為宗又欲使一代典章人物俱藉以考見大凡故雖游戲小說家言亦為兼收並采不免失之泛濫然其蒐羅極富所閱明人集幾至二千餘家如桑悅北都南都二賦朱彝尊著日下舊聞時援討未見而宗義得之以冠茲選其他散失零落賴此以傳者尚復不少亦可謂一代文章之淵藪考明人著作者當必以是編為極備矣其書卷帙繁重傳鈔者希此本猶其原稾四百八十一及八十二卷內文十二篇有錄無書無可核補今亦並仍之云 江藩漢學師承記云與十五朝國史可互相參

補唐詩人傳

姚江文略

姚江逸詩十五卷 四庫存目提要是編皆錄餘姚一邑之詩自南齊迄明以時代為敘其方外閨秀仙鬼則總彙於末卷每人各為小傳頗足以補史事之闕

姚江

瑣事　黃百家撰行略讀書所至關涉本邑者另分摘之爲姚江文略姚江逸詩姚江瑣事

金石要例一卷　四庫提要是編凡爲例三十六則後附論文管見九則自序謂潘蒼崖有金石例大段以昌黎爲例顧未嘗著爲例之義與壞例之始亦有不必例而例之者如上代兄弟宗族姻黨有書有不書不過以著名不著名初無定例故摘其要領稍爲辨正所以補蒼崖之闕其考據較潘書爲密

汰存錄一卷　漢學師承記糾夏考功幸存錄也

思舊錄二卷　全祖望序略先生碑版傳狀文字最多其思舊錄則其追懷朋好雜錄見聞腸斷於甘陵之部神傷於漳水之湄纏綿惻愴託之卮言小品以傳者也以先生之撰述言之學案文案如山如河是錄其涉焉者然先生百年閱歷取精多而用物宏於此約略見之

明夷待訪錄一卷　顧絳日讀待訪錄知百王之敝可起而三代之盛可復也　漢學師承記作二卷

明夷留書一卷　漢學師承記言王佐之略

子劉子行狀　萬斯選日述劉子之學者多異同惟行狀能得其要旨

冬青樹引注一卷

西臺慟哭記注一卷　漢學師承記晚年愛謝皋羽晞髮集注冬青樹引西臺慟哭記蓋悲皋羽之身世蒼涼亦以自傷歟

病榻隨筆

賜姓本末一卷

自著年譜　撰杖集四卷全祖望曰公論文謂唐以前句短唐以後句長唐以前字華唐以後字質唐以前如高山深谷唐以後如平原曠野故自唐以後爲一變然而文之美惡不與焉其所變者詞而已其不可變者雖千古如一日也故公之文不名一家　吾悔集四卷　蜀山集四卷

南雷文案十卷　南雷文定十卷　南雷文約四卷

南雷外集一卷　南雷詩歷四卷

黄宗炎周易象辭十九卷周易尋門餘論二卷圖書辨惑一卷四庫提要周易象辭二十一卷附尋門餘論二卷圖書辨惑一卷陸嘉淑曰晦木尋門餘論直欲與洛閩大儒質辨於千載之上其釋離之九三曰日昃任達之士託情物外以自爲觀化之樂故鼓缶而歌若其不然憂生嗟老戚戚終身者皆凶道也君子不然任重道遠死而後已衞武公九十猶戒豈敢蹈此凶德斯言也有功後學之言也晦木以乾坤爲易之門恐不得其門而入故探索以尋之　憂患學易　四書會通　六書會通全祖望曰先生雅好奇然其論小學謂揚雄但識奇字不識常字不知常字乃奇字

所自出乃歎其奇而不詭於法也

太極圖說辨一卷 自序夫子之言太極專以明易也茂叔之言太極空中之造化也

二晦山棲集

黃宗會四明游錄一卷 自跋略壬午冬游四明伯兄著四明山志命余錄是游之樂第詳於山光水色雪腴霜瘦落月枯顏寒嵐折骨以自寄其沈酣潦倒爾

學御錄一卷

縮齋文集十卷 黃宗羲序略澤望之爲詩文高厲遐清其在於山則鐵壁鬼谷也其在於水則瀑布亂礁也其在於聲則猨吟而鸛鶴欬且笑也其在平原曠野則蓬斷草枯之戰場狐鳴鴟嘯之蕪城荒殿也其在於樂則變徵而絕絃也

李安世禮記約言

吹萬齋集

胡燧青雪樓集四卷 嚴沆曰匡叔早受知於陳大樽詩文得其指授晚而剝落脂粉格老氣清於師門爲轉手

朱約淯閱史津逮 四庫存目提要是書以閱史不諳地理無由識其形勢乃攷訂往牒正其舛譌

各繪以圖前有自序稱首禹貢從其朔也職方所載代有殊名作歷代疆域圖十有一海寓瓜分英雄角逐作歷代割據圖八行臺分建元創明因作省會圖十有七玉門西限長城北起作九邊圖十有一羌人畢至百粤胥通作鎮番圖二鎮蠻圖三神京都燕輸將及焉作漕河海運圖各一古河北播今通淮泗作黃河圖一文命四敷明堂咸亨作域外圖九既有省會必詳分野作天文圖一今攷其省會圖內有北直隸南直隸等圖福建省圖尙無臺灣澎湖蓋成於明之末年入
國朝未及改修云

黃世春雪澤稾　朱雪藻曰木正係忠端公第季眞先生之子以博古爲事作楷篆草書俱精

黃時貞正業堂詩草　黃宗羲曰孚先情意眞摯不隨世俗流委余徙居海濱孚先憫其流離形諸夢寐作詩見懷有云旅月仍圓夜秋風獨臥身讀之怳然見古人之性情焉

黃宗裔毛詩瑣言一卷　南浦草　張廷枚曰先生爲黎洲先生族弟弱冠即受經黎洲先生嘗謂吾於道傳平居則詩文唱和患難則架漏牽補當骨寒心折周章踢蹐之時相與周旋者惟一道傳

張烱曙不已齋集　張元朗曰匏齋爲二楷先生仲子出爲客卿先生後不事家業閉門索句不喜

拾人齒後語得酒卽醉縱橫今古每至淚下

樓鎭周禮正義　史鈔內編外編　諸史辨論　讀史提綱　歷朝儒行錄　姚江學統

黃河源南樓詩稾　竹橋竹枝詞

邵基度西園吟草四卷

邵點四可齋燕游詩三卷

黃夢奎心學指南　自警四箴

黃正誼黃山行腳草一卷　崑山徐秉義序黃山天下名山也然卽歙之人游是山者亦寡矣凡人生豫章者不必登匡廬居浙東者不必尋天台雁蕩卽南人之赴京師數過泰安亦未必探秦碑日觀之奇也黃子平生雅好游而慕黃山也久一日由浙東往裹糧入山八百里之間巖谷幽奇多所游歷所至之處輒有詩以紀之集爲一編將以傳之好事者古之游黃山且以詩著莫如李供奉供奉一詩得雙白鷴人皆雅羨之今觀黃

子之詩舉黃山之中杏花紅水之靈源砵砂白雲之仙境恍於詩中見之其所獲豈止白鷴已哉黃子之尊人梨洲先生閉戶著書自頤高年不能遠游黃子歸獻是詩以爲臥游吾知先生曠觀遐覽必有怡情而忘倦者是黃子不嘗以黃山八百里之景物致之几上以娛親也吾故樂而敘之非徒以誇世之慕黃山而不至者也若夫詩之抒寫胸臆灝宕而清眞則家學有自不待予言也

黃政敷桂馥軒詩稾

黃正位秋草吟八卷

谷漢紅遠樓集

邵宏堂莪園五編 案五編者集園集葭集苜集蘗集茆各爲一編

孫文明大觀樓詩稾 楊文蓀曰麗滄受知於張玉虹先生其五七言近體刻畫中渾然無痕蓋學唐人而得上乘者案乾隆志孫光昜有大觀樓集蓋書名偶同

姜承烈百尺樓集 張廷枚曰承烈弱冠即有聲雞壇與周櫟園毛西河倪闇公諸君交善才華豐

縟詩主初盛唐及六朝不涉中晚著作甚富曾見其百尺樓集六册今不可得見矣

樂志堂詩集毛奇齡曰予弱冠與武孫先生爲文友其同時鬱然能以古今文爭長海內者累累也然必推先生爲祭酒

黃百藥留窮草一卷黃百家序伯兄棄疾幼患背瘠遂以支離廢不習制舉文以訓蒙餬口饔飧嘗不給然博學強記暇則爲詩初詩作豪邁雄壯之聲既悟非己本色轉爲酸淒激楚之音號留窮草嘗屬百家敘之或問韓子送窮惡窮天下之通情也卽君子固窮窮則樂道亦云能忍耐其窮自樂其道耳非樂窮也何樂於窮乃矯而留之曰予未知吾伯兄之意也夫天下之物孰是可留者哉宇宙大化瞬息不停窮達壽夭轉盼俱失窮不可留達亦不可留此齊景有牛山之涕叔子興峴首之悲也蓋凡屬有形之境未有不隨氣化俱遷者故至人默反乎萬物流轉之始而獨持乎大定不遷之宗所以能亙古長留有不逐冥冥而去者顧援此以語吾伯兄其論過高此語姑止第就伯兄而言攖攖衆身各自全其形而伯兄以有身爲大患而形患支離支離疏足以食十人而伯兄不足以養其身雖論有涯之生總歸必滅之地然及此當時之身世彼肥腸滿腦者鮮服華檂輿行鼎食侈然於居氣養體之移而伯也鵠衣有結瓦甑無煙呻吟於酸風敗壁之際同此一生卽云彼也徒然而樂而此也乃亦徒

然而苦除卻生前身後已先輸此一局矣惟存此酸淒激楚之音於人世使人聽之若秋暮之泣悲蛩中夜之號怨鳥入耳刺心亦爲天地所不删之物則彼肥腸滿腦者不能自鳴其樂其樂亦不過如伯兄詩所云螻蟻泥堆驕凱捷蜉蝣晷刻潔衣裳而已而伯也能自鳴其苦其苦殆不與形體同盡蓋將使天下後世讀其詩者惻惻悲惘皆知有黃棄疾之一窮而其窮留矣其窮留此如有冤者之得白庶不致徒苦一生無所赴愬此留窮草之本意也迄今伯兄之逝世已五年其在生之疾苦成往事矣檢是草而閱之短檠餤瀝殘月光侵鼠殘蠹齧之中模糊殆見吾兄之容也惝怳殆聞吾兄之聲也有淚潸如又未嘗不歎吾兄既受苦於在生其亦已矣乃復遺其苦於身後耶因憶前屬語援潁濱敘和陶詩例爲補敘

黃百家句股矩測解原二卷　阮元曰百家傳其父學又從梅文鼎問推步法此書上卷曰解矩度曰解表景曰解矩度表景曰解物景曰解兩景消長下卷曰以景測高曰以日測高曰重矩曰變景曰測深曰測廣曰測遠皆有圖說詳之

明史天文志歷志　全祖望曰崑山徐原一尚書招入史館成史志數種歸乞梨洲先生點定今橫雲山人王劉異同五明史稾所載天文志歷志即主一稾本也

卷采集遺書錄首述王劉立說之異繼證王劉之同末采擇兩家文集中語皆以類次之體獨私鈔四卷采集遺書錄發明劉氏愼獨宗旨曰明章曰明句曰證人曰證言凡四門明文授讀六十二卷四庫存目提要初宗羲輯有明一代之文爲文案後得崑山徐氏傳是樓藏書益以所未見文集三百餘種增爲文海後其子百家以文海卷帙浩繁請宗羲選其尤者爲此編其序則仍文海之舊蓋其門人甯波張錫琨移冠此集以見去取宗旨云閻若璩曰明文授讀不出於黃先生之手主一爲之失餘稾學箕初稾偶錄自序百家生遭家難播徙年踰二十始親翰墨帖括之餘閒學爲古文詞時過而學終多扞格偶錄數篇非敢自炫亦欲就正有道資以請業以爲失晨之補云爾說經千慮愚得三卷

北游紀方　學箕稾一卷乾隆志案采集遺書錄又有學箕初稾二稾三稾四稾夷希集一卷案黃千人希希集自序稱先君子晚得耳疾又左目傾跌損光遂授明語以夷希自顏文集

幸跌草三卷

黃百穀難經注　本草注　素問注　蕙江緣　返魂香

稼軒詩稾　朱文藻曰農師幼明敏能文業醫嘗居西湖之濱弔古感傷發於吟詠卒以窮餓死

邵以貫迷塗集

邵以發鉢華庵集十卷　呂章成曰兩邵以雄深幽放之才各樹一幟使余有二陸龍躍之歎

呂章成野述千文一卷　譚宗叙曰裁之呂子以好學博聞遭世變不得志天下退而爲文章藏名山以垂不朽嘗揭其座右曰作文以讀史爲先史不熟不如輟筆呂子之有心於紀載也久矣閒因過塾師見師口吟左達承明以授其弟子歸而取周興嗣千文散亂其語以略紀有明一代之事蓋顓顓一千言而十六帝三百年之間運會之廢興疆寓之安攘忠佞臣之事實上下教化之成跡略舉綱維燦然具睹命之曰野述者閒遠不列於史官述者簡短不中於書紀也或曰千文渺乎小子之學也游衍嬉戲之所爲也呂子亦安取此哉予曰固也呂子數十年修業殷殷加以流風世澤之所漸漬蓋遇於目過於耳而皆有見於區區若曰雖細如鳥頑若草木而無不可用以思念美人云爾安見嬉戲之不可與語乎至道渺乎小子不可與入於大聖人也呂子野述之所以取乎千文也郎游衍嬉戲之不屑渺乎小學不肯輒爲則夫坐擁十萬卷書命宋訪如拾遺甌黎棗若輿皁者而

顧取此區區之志委諸逝水腐等草木乃始得以不媿矣呂氏千文一卷案章成千文有二一敘朝事名野述一敘家事即名呂氏千文野述一篇爲時所稱今不傳傳者敘家事一篇而已浴日樓集八卷顧繹曰裁之至性過人詩文皆肺腑閒語秋崖詞

譚宗南征雜詠呂章成曰㬎方于世尠所可即不可比盧千里也是以浩浩焉行於國中如無有人焉者工詩古文善音律好出游子夏之冠道暉之展望而知爲㬎方也唐律秋陽十卷㬎方初集　媻姍草

翁逸後葦碧軒詩稾黃宗羲曰先生詩於鋪陳終始非其長時以一聯半句奪人目色案永嘉四靈其一爲翁卷字靈舒有葦碧軒詩集殆以同姓稱後葦碧軒歟

諸來聘精思樓詩集黃宗羲曰九徵立昌古社出而交游四方倪鴻寶陳臥子皆以國士待之張廷枚曰先生意度闊略居邑之第十堡構昌古齋與符如龍諸如錦周肇修諸名士結社互相砥礪名動四方

姜廷梧芳樹齋集十二卷　待刪集　甲乙詩鈔孫慶曰先生爲

祁忠敏公壻，僑居郡城，諸家選本遂作山陰人。

史在朋鹿園詩集

毛奇齡曰：鹿園七律高瞰天門，俯視江海，如庾公踞牀，元龍入室，傲岸充斥，觀者震動。案越郡詩選誤作在明。張廷枚曰：在朋少爲諸生，受業於黃漳浦。時漳浦方祭告禹陵，以詩文爲贄，漳浦器之曰：今之杜牧之也。賦詩贈之。後在朋以志節見重鄉里，論者謂黃門之有在朋，猶蕺山之有姜希轍云。

邵廷采東南紀事十二卷　西南紀事十二卷

徐幹跋略：餘姚邵念魯先生，康熙時人，距明季未遠，倘有一二耆老可資諸訪，又海內平一，故其見聞亦非限於方隅者可比。撰東南紀事以存魯王、唐王，西南紀事以存桂王，辭尚體要，無慚作者。昔常璩著華陽國志，崔鴻著十六國春秋，馬令、陸游皆著南唐書，載記一類，實輔正史並行，軼事遺聞賴以不泯。邵氏此書亦其次也。惜書成未刻，僅鈔本流傳。往年馬端愍公撫浙，擬刻此書，懸百金求其本不可得。幹幸得見之，遂刊諸黎棗，冀勝國諸臣忠義之烈久而彌新，且與華陽國志諸書並傳不朽，亦藝林勝事也。

姚江書院志略二卷

自序：采承先人付詁之重，圖取書院往蹟勒成一書，久而未能。己巳冬，借同人請无休董隱君爲諸先生立傳。隱君曰：書院之立，所重惟學，諸先生之學，余閱之夙矣抑其制行之卓語言之妙子其裒次以佐余討論所未悉采因於笥中出大父魯公先生所手輯義學緣起院規請益教言稽古數十則并吾之俞先生學要徵略呈隱君隱君乃即舊本所載合之劉子全書洎于譜志及諸門人之稱述諸先生者博采而慎收之凡帀月中成大傳六小傳十七復爲之記并條次諸先生所著序言紀事等篇爲上下二卷總名之曰書院志略

思復堂集十卷

姜希轍左傳統箋二十五卷　四庫存目作三十五卷乾隆志案統箋兼采杜氏林氏之注

兩水亭餘稾二卷

俞嶙沐雅堂近體粤游草　俞寶華曰家嶽庵器宇英俊喜讀有用之書官嶺南時下車即刻陽明文集以經術飾吏治不沾沾以文章自命也

陳祖法古處齋集

孫光煬畫筴圖一卷　四庫存目提要是書訂之楊筠松以授曾劉諸人實約取諸家之論氣一脈者而附以己說起原脈終火耀爲目二十有四題稱第一圖至二十四圖今惟動氣一條有圖有說餘皆有說而無

圖蓋已佚闕前載洪武六年劉基上畫筴圖疏

撼龍經一卷　四庫存目提要其說與畫筴圖相表裏二書皆專論龍脈非游談無根者比

大觀樓詩集

楊廷金雙桂堂詩草　案乾隆志題楊緘三今正

管諧琴竹香居殘稾

鄭典友陶居士詩集一卷　朱文藻曰居士詩附刻雪校山人集中山人爲居士孫猶山谷晦翁兩集之遺意也

鄭韻偶存詩稾　顧嗣立序略鄭蘆村尊人友陶先生伯仲兩兄皆揚扢風雅詩文之盛萃於一門蘆村髫年爲諸生時即卓卓有令譽後賦性恬淡杜門嘯歌生平所著等身不自愛惜稾成輒棄去以故所存無幾也

鄭世元耕餘居士集　沈德潛曰耕餘詩未嘗求新立異而胸次高朗卓犖可觀會稽詩人中罕此矯然者

史其義西園遺稾　楊秉初曰介夫先生好學能文凡經籍均小楷手錄年七十餘尚勵志棘闈與

同邑翁運標陸烈齊名尤長於易理詩則隨意爲之不甚求工然遺槀中五言如野雲狂捲樹山雨怒翻秋七言如山橋野店催孤客寒食梨花又一春郎終日苦吟者亦不能勝其琢句之工也

朱自愉嘯園詩草賦草

華彬蘭湄幻墨四卷

潘汝舟印雪齋集四卷　涇川旋吟二卷　松窗日著二卷

邵瑸情田詞三卷　王士禎曰冀介岑攜柯亭詩過余請益近日李武曾復誦其詩餘數首詞勝於詩力爲之梅谿玉田不難到也　邵家人南城詩記得漁洋池北語情田詞更勝於詩爭如學道雲牙者豔煞春閨應轉詞注族昌邑公瑸善樂府著有情田詞王漁洋謂其詞良勝於詩呂蓼園極賞其應轉詞四首詞云百舌百舌枝上五更絮別慣曾喚醒春愁九十韶光去休休去休去人在綠楊深處杜宇杜宇爲你添愁幾許日歸胡不旋歸坐待腰肢瘦圍圍瘦圍瘦門外馬蹄停繡飛燕飛燕兩兩畫樓驀見耐他心事宜人伴箇淒涼暮春春暮春暮回首

夕陽芳樹蛺蝶蛺蝶少小宿花妥帖曉來珠露團團撲得雙飛影寒寒影寒影已在竹籬潛等

俞鼎寤歌堂遺集　秋吟集　秋吟續集　毛奇齡曰石眉詩拔地倚天要歸於大雅

鄒尚雲根樓詩草十卷　張廷枚曰古岳刻意爲詩希跡郊島上逼昌黎

朱承勳紫竹山房遺稾　裔孫蘭跋略高祖亦中公蚤有名譽與邵東葵向榮俞子復公旦倪太眞繼宗稱姚江四逹胸次灑落貧而守義尤善詩先大夫拾殘稾於敗簏中別錄成帙自此詩思大進蓋得力於公之詩教不淺也公手植紫竹於書室遂以名集二百年來竹尚有存者詩見采於姚江詩存兩浙輶軒錄先大夫欲付梓未果至蘭視皖學壽諸棃棗謹識顛末以見作者與錄者之心皆不容沒也

趙有德川南憨草　張心翼曰先生詩高古超脫寓意深遠余揚生曰仲昭詩有一種豪放自得之趣莫可掩抑

俞德昌嗇夫詩稾　雞肋集　張廷枚曰子舒係嵩巖先生第七子承家學與兄徵翼俱

工詩以出游日久鄉人無知之者

徐景范五經疑二卷　紀史八卷　學問偶存四卷　四勿徵錄八卷案是錄取古人視聽言動之可法者類編之　正庵詩稾四卷

徐泌謝皋羽先生年譜四庫存目提要泌嘗刊謝翱晞髮集因復捜采遺事爲作是譜黃宗羲爲作序　越書小纂　墨苑志　三晉紀行

陳元澣山集鄭梁曰澣山集識高筆老不顧笑罵自成一家萬經曰古愚由吉安司馬入爲刑部郎典試中州稱得士當路欲以臺垣薦之會有疾不果禱於神得一山如畫對清清江之句疾愈出守思州既至攷圖經則思州古清江郡也此事可入前定錄云

勞史餘山遺書十卷沈廷芳序略勞餘山夫子倡道海濱貫通大易所言三極大中之道若臚敘家珍確覈有據一本諸橫圖二圖又桑調元序略吾師餘山先生研精於易深契四聖八淵旨於天地人物之理辨其所從生推其所終極洞若觀火所著遺書與同門友沈廷芳編成十卷　張廷枚曰餘山講學海濱精於易

理門人桑調元恪守師傳爲刻遺書於武林沈椒園自稱私淑弟子歎曰近時諸儒之學稼書先生得其正楊園先生得其精餘山先生得其大

汪鑒津夫詩鈔二卷 桑調元曰同門友汪君津夫少豪邁隨父薄宦滇南宅憂萬里扶柩歸至漢江値風濤舟將覆號慟志與俱沈忽反風閣沙上世稱汪孝子歸里受業於餘山先師之門多才藝詩及萬首予撫其百之一俾觀者知其人之大略云

陳梓四書質疑五卷 自序略乙丑春檢篋得癸丑以來四書質疑經義質疑數卷錄寄吾鄉謝子雪漁及吾未死親見故人辨駁訂定不使爲聖門之罪人溘死奚憾哉 案第五卷附讀書記疑

經義質疑八卷 謝秀嵐跋略乙丑天中古民先生寄示經義四書質疑數紙屬爲編次而說之散見劄記雜記諸集者更彙輯之錄成經義八卷四書五卷焚香莊誦乃深歎先生辨道之細牛毛繭絲衛道之嚴銅牆鐵壁眞漢唐諸儒箋注紫陽四書章句之功臣也 案一二卷易三卷刪書四卷詩五卷春秋六七卷禮記大戴禮八卷儀禮

後文存十六卷 刪

後詩存十卷 自敘詩以怡性情而性情每喪於詩自入世以

後汨於聲色名勢之途而謬託於風露月雲以自文其陋於是詩愈工而性情愈不可問矣余之詩祗以自娛而世不以爲工惟吾明餘子每讀輒擊節或相對涕下不自知其何所觸也嗚呼明餘死矣明餘死世無好余詩者余詩何足存己酉秋因悉取篋中愜意者付之火其他應酬諸作不足焚者稍稍編次題之曰删後詩存以示門下羣從輩夫精華去而渣滓僅存余之詩良可哀已嗚呼明餘而可作也安知不啞然大笑夫焚者之不焚而不删者之眞删也又安知後之人不以存者之可删而轉憶夫焚者之必不可焚也夫自性情言之雖自目爲精華猶之渣滓而已存耶焚耶又何足論哉丙子九月中浣越江梓書於筠谷精舍　府志梓少讀書有大志工書善詩詞隱居事親雍正　甲辰舉孝廉方正辭不就居臨山聚徒講學以布衣終老　臯亭詩話作詩須知錘鍊之法餘姚陳俯恭題夏蓋山云河濟江淮波浪息辛壬癸甲別離多周王廟云埽除文武千年業成就春秋一部書范蠡祠云虧得玉成西子力負他金鑄老臣身曹娥碑云捐軀少女隨嚴父題背中郎誦外孫皆新警雅切

客星零草一卷

寓硤草一卷　四庫存目提要濮川詩鈔三十五卷鈔濮淙沈機等二十九人之詩梓詩亦在其中　案海甯州志梓館硤川許焞醇夫家數年從游日眾

一齋雜著

謝秀嵐雪漁小草 晁亭詩話雪漁詩筆清麗近日姚江風雅鮮有繼之者其西湖竹枝云願郎心作湖水平儂是湖中一點青儂在郎懷山在水任他風浪自亭亭又詠新燕云簾外一聲聞輭語花前雙影見初飛皆宋元人佳境也

雪船吟四卷 陳梓題辭古柏蒼蒼挺十尋廿年弍訂歲寒心隱然性命傳金石別有精神貫古今野鹿不歸蕉雨夢明蟾獨照雪船吟白頭夙約仇湖在君撫龍泉我抱琴

謝敏行東山志十九卷 乾隆志案此書末附謝文正公父子墓誌傳文

徐自俊痘疹論要二卷

蘇滋恢耕餘易義 方黍如序姚江蘇耕餘先生余曾敘其四書文以行規言釽義演暢微妙余固卜爲竅於易者今年冬果郵易義來由詞以得意觀象以明理指趣淵確豈君家和仲所云閣束九師新得妙者耶

蔣識耕雲詩草 雜感詩 自敘略今年七十病有餘閒漫爲日記中閒附以歎往道故尋春覽古之作遂積百篇嗚呼誰爲爲之孰令聽之虞山云古之爲詩者必有深情蓄積于內奇寓薄射于外輪囷結轖朦朧萌折如驚濤奔湍鬱閉而不得流長鯨蒼虯偃蹇而不得伸明星皓月雲陰蒙翳而不得出於是乎不能不

發之爲詩其不然者不樂而笑不哀而哭文飾雕繪詞雖工而行之不遠美先盡也乃余之所爲笑耶哭耶其果不樂不哀而强爲是音耶知我者謂我寫憂不知我者謂我招尤任之而已

潘綬桂樵山房詩稾四卷

趙埈愛日堂客游草　孝女吟

夏承天醫學考鏡十二卷　藥性辨

谷融瑞曲磵山房詩稾

張吉丹崖方書

吳庚輝赤石山莊詩鈔四卷

黃崇文暇耕偶存詩稾

張濤古車制攷　瞻園札記　悔齋雜著　車聲帆影集

方鑑澈庵雜著　芙峰吟稾

方玉初佩萱詩稾

韓浤瑤華書屋詩草

姜垚易原三卷 乾隆志案宋俊序稱其舉六十四卦皆返之於心爲治心之學案垚嘗從梨洲黃先生學以理學自期尤邃於易自魏王弼唐孔穎達宋程朱二子外兼治揚雄劉歆鄭康成關朗諸家之說搜擇融液歸於大純謂三易之義祇欲人恐懼修省以順性命而通幽明所著易原一書根柢深厚能闡先儒所未發 四書別解一卷

槜里山樵稾 張廷枚曰蒼崖爲二濱先生令嗣 商盤曰蒼崖七律俱有北地遺響諸錦曰蒼崖少從蔣杜陵毛西河兩公游故詩審正變致歸淡逸異於處仲之食乾棗明道之烹入足

謝匡瀚蓼庭遺稾 張廷枚曰寒澄諸小歌豔而不淫清而不縟其原本自風雅來

鄔希文亦吾廬集 商盤曰亦范工文章善琴畫亭亭玉立贅居吳門嘗爲余寫中泠試茗圖自題其上云憑將大落墨寫出小游仙乾隆丙辰應制科余贈以詩何人豫埽迎門雪看爾新銘克敵弓用周必大洪景伯應宏博科事 孫度曰先生晚居吳下愛潔成癖詩畫之外焚香鼓琴有倪高士風致

黃千秋紅茗閣詩稾

黃千人岱游草　盌野堂詩草四卷　張廷枚曰讀孫年少儁才逸情雲上杭世駿稱其悲虎患等作屈曲排奡直逼古人商盤曰盌野敦行詩亦甚工東華分手三十餘年所收無多未免興歎

遺希希集二卷　自序畧余幼學詩蔵夏頗愛中晚甬東萬西郭見之動色相戒勖以只做自己本色之詩於是頓棄舊習一意率眞不復知有規橅事如從前所成盌野堂詩四卷是已已已以後自邗江返舟杜門息影間事吟哦輒趨新易譽之者謂參近范陸往往神似夫右軍萬字各異少陵千詩不同兩公非但他人門徑不傍即自己思路亦必滅竈而更炊也余學拙氣弱何敢上例昔賢惟是冥心孤詣時祇斷自抉性情一舉一切游思客想屏除殆盡方且不知有唐宋又何暇存一范陸家數汨我胸臆近似之說猶未得引爲知我也其名希希者先君子晚得耳疾又左目傾跌損光遂撥册語以浼希希自顔文集余年近六十亦漸至失聰於百不肖之中偶一肖焉庶幾哉將以載歌載詠希我先君子之希乎竊又念余家家學非復聊爾文章歷律理學所望繩承於後人者何限而砭砭窮年瓣香一綫僅以雕蟲詩句當之縱性情有得其足志小子箕裘之愧爲何如也至謂希者天地之元音若土

鼓太羹之幾於聲希味淡詩之命名或取
乎此是則重余之過矣非余意所敢出也 餐秀集二卷
朱衣客涵碧樓詩草 華日南曰若耶先生好吟詠與金若水游齊楚燕趙間足迹所到輒有唱和書法亦佳
天尺樓詩集 案衣客詩凡三集天尺樓集起戊寅以前涵碧樓集起辛巳青蓮草堂集
起甲申乾隆志及輶軒錄止載其一 青蓮草堂詩集
謝洲散木齋詩文集二卷
呂法祖禹貢補注
景星輝海村風俗記 東白樓文集東白樓詩集二十四
卷 鬱羹錄 蘭心編
徐之熾竹溪集 商盤曰竹溪爲詩巢一名宿生平好客有顧阿瑛之風沒後家落詩亦散失
韓猷秋窗百詠梅花百詠 駢體文一卷 邵家人南城詩注先生館宜興
儲氏文名藉甚後游維揚與諸名
士往還此卷舊在呂氏天官第

徐世桓龍山草堂詩集　半畝居詩　四友軒詩 杭世駿曰東野詩惟陳言之務去絕無浮詞僞體桎梏其天倪

徐文燮句餘詩稾

邵宏仁姚江文獻 原題二十四册孫度曰凡山經地志古金貞石之文涉姚江者悉錄之可備一邑掌故　萊園集十卷　姓匯

邵晏殊媿學草四卷

謝起龍東山志十卷 案東山志有桑調元書後　毛詩訂韻五卷 四庫存目提要是書成於雍正癸丑其自序譏吳棫韻補之謬而發明陸德明古人韻緩不煩改字之說持論最確　俗禮解六卷

樓儼羣雅集 乾隆志案儼初撰詞鵠十卷後改爲羣雅集朱彝尊爲之序

邵國麟醒齋彙編十二卷 案詩存在棘治文有筋節任所指畫能使人鬢眉畢見閻百詩

稱其所著浙江潮賦有古作者意

施有恩夢花樓詩稾　雪窗十詠

翁雲甫集草

童俊正鐘位狀稾

倪繼宗續姚江逸詩十二卷　四庫存目提要初黃宗羲作此姚江逸詩所錄自齊迄明此集續選國朝之詩即以宗羲爲首所錄凡七十五人每人各爲小傳采輯事實頗爲詳備　自序略續選姚江逸詩一十二卷繼宗輯欲傳之幾十年矣以貧故不及鏤版今獲以駑劣謬受闗西馬公知始一請序而刊布之豈敢題附於棃洲先生之後亦庶幾吾姚一代詩人得藉是以傳不朽也或者曰棃洲之選起自六朝迄於有明幾千餘年祇得詩若干卷今予續選僅本朝八十年耳所錄詩幾與原本相埒得毋失之濫觴乎而不知非也蓋棃洲之選爲世遠傳其所不及傳也余今之選爲世近傳其所及傳也傳其所不傳者欲多也以傳之而不得也傳其所及傳者欲儉以傳之而又不可也况乎廣攬遐蒐縱不無博愛之弊而尋章摘句保無有以拘墟而失之者乎或删或補

是又重有望於後之續而傳之者

復野集倪紹岳曰先祖嘗重刻姚江逸詩輯續姚江逸詩文節經鉏堂雜志茲藏於家

邵向榮四書偶融三十卷　冬餘經說十二卷王仕源曰先生篤志窮經辨制度於漢唐探義理於濂洛沈潛反覆舉所心得者以爲教使聞者油然感渙然釋憬然於聖賢之訓切於身而不可離非世之尚意氣爭同異者所可比也　冬餘劄記八卷　冬餘文略四卷　冬餘詩略四卷張廷枚曰東葵詩初學劍南近則變而彌上風格老蒼

翁運標蓼野偶存稾

徐堂桐江詩集

邵坡毛詩注邵家人南城詩注有手注毛詩一册不著名審其字知是公筆　周禮存疑一卷魯曾煜曰方正學有周官辨疑四篇論東金媒氏之非時人引申其說謂昏出於漢人所竄入兼山傅引周漢諸書以辨正之　艮庵賸草二卷

邵昂霄中西歷攷一卷　萬青樓詩文殘編一卷四庫存目提要昂霄所著詩文名萬青樓稾身後散佚是編爲其從子是栟所手錄僅存文數篇詩數首而已　萬青樓圖編十六卷四庫存目提要其書專論天文算數之術分十四目曰天體曰儀象曰宮度曰二曜曰五緯曰雲氣曰煇氣曰經星曰歷案曰歷理曰歷數曰測景曰測時曰定時皆援引漢晉以來天官家言及歐羅巴之說而各以己見附之於推測之術頗有所得其量天景尺及漏盌諸法悉用意自造亦頗精密　聖門述要二卷　學者詩鈔　日知齋古文　日知齋四六　日知齋日錄

洪濤蕙江逸叟稾張廷枚曰先生砥行績學馳驅南北不廢吟詠皆至性中語

盧文弨儀禮注疏詳校盧慶鍾行狀略乾隆己丑告養歸歷主鍾山崇文紫陽晉陽婁東龍城書院講席念古書譌脫不可讀取校正各書如經典釋文孟子音義逸周書賈誼新書春秋繁露方言白虎通西京雜記蔡邕獨斷等書次第授梓若嘉禾謝氏之荀子鎮洋畢氏之呂氏春秋釋名疏證武進趙氏之韓詩外傳揚

州桼氏之封氏聞見記吳江嚴氏之左傳古義海昌吳氏之謝宣城集皆經府君訂定不能盡付鉛槧又錄其校語爲羣書拾補重鋟焉少渠詩文集江陰趙敬夫曦明著顏氏家訓注殁而府君補所未備刊行之鍾山札記已刻龍城札記刻未就未刻者尚有廣雅注釋其儀禮注疏詳校一書開雕甫訖工而府君歸道山矣

廣雅注釋

抱經堂經典釋文攷證三十卷

羣書拾補 漢學師承記紹弓官京師與東原交善始潛心漢學精於讎校歸田後二十餘年勤事丹鉛垂老不衰所校之書大戴禮記左傳經典釋文逸周書孟子音義荀子方言釋名賈誼新書獨斷春秋繁露白虎通呂氏春秋韓詩外傳顏氏家訓封氏聞見記諸書又取易禮注疏呂氏讀書記魏書宋史金史新唐書列子申鑒新序新論諸本脫漏者薈萃一書名曰羣書拾補

鍾山札記

龍城札記

抱經堂文集三十四卷 徐鯤跋乙卯之春抱經先生整比自著文集至冬十一月已刻成二十五帙尚未定卷次先後而先生遽歸道山鮑君以文力任剞劂蕆工以鯤與先生有知己之感因屬校讎末學膚淺豈足窺先生之奧窔幸孫頤谷侍御相與商搉采選指示體裁又與桑孝廉典林定標目之例去取嚴審庶無遺憾然先生餘稾尚夥其續刻十餘卷當謀諸梁君曜北定

之梁君亦誼不容辭也憶先生嘗言前輩文集有係後人編次者體例多未盡善故於垂暮之年手編付梓以及見書成爲幸乃此志未遂留恨而殁嗚呼惜哉

磯漁詩稾

黄嶽敬業齋續鈔　生花軒詩草

黄璋周易象述　周易六書訓釋二卷附錄一卷案是書以六書之義訓釋上下經字原題黄宗炎學五世從孫璋輯篆據譜實璋所著　毛詩訓詁考證　華陔詩瀋　和州志　剡識　楊龜山先生年譜攷證　張蒼水先生年譜攷證　忠端公年譜　遺獻公年譜　大俞山房集

霍維瓚姚江詩話邵晉涵曰奠彝雅好表章古人殁前數年輯縣中先正詩自六朝至元明抉微探幽部分條繫又掇其遺言軼事爲姚江詩話今稾本具存蒐討甚富余又悲其力能傳人而未竟其業也

徐坤周易注邵家人南城詩注坤邃於經學爲寶東皋學使所賞所注周易論推卦互卦甚明

吳兆楚自娛集八假集　自敘余幼學詩見稱於族伯玉楞讀古人詩於是廢寢忘餐日事吟哦歷數十寒暑彙成一多帙名之爲自娛集至久自覽所作皆古人之唾餘以古人之陳言爲言詩可不必作也即自焚棄其前稾自是每遇良辰美夕風雲月露讌會郊游興之所至信口吟詠隨即棄之庚申春日晴窗明媚無可消遣讀東坡次韻孔毅甫集古人句見贈五首因恍然大悟嚮以爲陳言不必作者今以爲假古人詩適我情性更愈於自搜不必拘漢魏六朝唐宋元明以及　國朝之詩凡可假者皆假之然余年已六十八矣如天假我以年使得假古人句作附己作以適性情於花天月地山川草木間也亦自幸甚名之爲久假集亦自鳴自息與候蟲時鳥自適其性而已至於串句之不工對聯之不巧亦無論矣　案兆楚字玉樹集中並刊羅壎徐堅陸希倩余坤集句詩

諸重光二研齋遺稾四卷　紀昀敘嗟乎桐嶼而僅以詩傳乎桐嶼抱經世略又遭遇聖時出入　禁籞益諳習天下事恆欲有所樹立以表見於後世余亦以歐蘇期之乃一蹶不起竟鬱鬱而終徒以遺詩數卷流傳藝苑使讀者流連而太息抑亦悲矣而余尤有所深惜者士不以功業見而以文章著古亦多有其學

問器識抑塞磊落而不申者必盡發於翰墨間其生平著述含吐風雅感蕩心靈者必有鬼神爲之呵護好事者爲之收拾使畢生之精力彙萃無遺千百年後猶可高吟徽詠慨然想見其爲人是不得於彼猶可得諸此也若夫宏篇巨製龍罩一時而生前不暇編輯歿後多歸湮沒後人追尋殘賸僅存什一於千百已不足盡其所長而此什一僅存者又不必盡其所得意豈不尤可悲哉桐嶼與余爲布衣交當其掉鞅文場刻燭賦詩擊鉢角藝余恆自謂不及庚辰會試桐嶼竟出余門同在翰林典玉堂著作論者亦有讓一頭地之戲今觀此編當年唱和不見集中者十之七八其他余所未睹者散失零落又從可知矣是桐嶼不幸而僅以文章傳又不幸而文章終不盡傳也感懷今昔能無老淚縱橫哉雖然古來苦吟一世而隻字不傳於後者蓋不少矣桐嶼得有賢子掇拾於蠹蝕之餘尚有此集傳於世尚使人以一鱗一羽想見龍鳳之章采是亦不幸之幸矣故余於斯集始而深悲繼而終爲之喜也

樊燿碧松潭詩草 案詩存越風竝采燿碧詩輶軒續錄作餘杭人疑誤

邵晉涵韓詩內傳攷

穀梁正義

舊五代史攷異 江藩曰永樂大典載有薛居正五代史乃會稡編次其缺者以冊府元龜諸書補之由是薛史復傳

孟子述義 江藩

曰君撰述如孟子述義穀梁正義韓詩內傳攷諸書皆實事求是爲學者有益之書

爾雅正義二十卷

自序略晉涵少蒙義方獲受雅訓長涉諸經益知爾雅爲五經之錧鎋而世所傳本文字異同不免譌舛郭注亦多脫落俗說流行古義寖晦爰据唐石經暨宋槧本及諸書所徵引者審定經文增校郭注仿唐人正義繹其義蘊彰其隱賾竊以釋經之體事必擇善而從義非一端可盡漢人治爾雅若舍人劉歆樊光李巡孫炎之注遺文佚句散見羣籍梁有沈旋集注陳有顧野王音義唐有裴瑜注徵引所及僅存數語或與郭訓符合或與郭義乖違同者宜得其會通異者可博其旨趣今以郭氏爲主無妨兼采諸家分疏於下用俟辯章譬川流而匯其支瀆非木落而離其本根也

宋南都事略

江藩曰錢竹汀先生論宋史紀傳南渡後不如東都之有法謚宗以後又不如前三朝之粗備徵特事迹不詳郎褎貶亦失其實君聞而善之取熊克李燾李心傳陳均劉時舉所撰之書及宋人筆記撰南都事略以續王偁之書詞簡事增正史不及也

輶軒日記

皇朝大臣謚迹錄

南江文鈔十二卷南江詩鈔四卷

胡敬敘辛卯夏余友文靖孫公寄其師邵二雲先生集并貲屬爲校刊多病逡巡踰歲讎勘始畢首應制文次雜著次詩分卷十有六以札記四卷

坿焉。梓成而文靖歸道山已十閱月矣。昔文靖與余直詞館編纂全唐文，其晨夕者凡六年，每值夜深談藝，稱述其師之學之才，謂作文則操筆立成，詩人則更僕忘倦，未嘗不歎先生之得天獨優，文靖之所得於師承者有自也。文靖得師經史之學，敷爲章奏；得師文藝，作爲詩歌；得師立品之超、見事之明，以莅官行軍，卓然媲古大臣風烈。是先生之業，文靖爲盡得其傳，先生可以無憾。獨惜斯集編排之成，文靖不及一見相與札商去取之得失也。至其集之奧衍綜博，足資攷鏡，與闡明姚江學術之宗派者，有章傳、陳敘，已備言之。

張羲年周官隨筆 徐坤曰：余往與潛亭誦習是經，各抒所見，往復辨難。今觀其隨筆首卷，詞嚴義正，儘有發明，惜乎其不全也。聞歷城周永本編修處尙有副本，爲孝子者亟須至山左搜羅，以奉爲球圖拱璧。

喪禮詳攷附嗽蔗集後 喪禮論附嗽蔗集後 錢大昕曰：語語鞭辟向裏，極得先王緣情制禮宗旨，是有功名教之文。

嗽蔗全集十六卷 徐坤跋：乾隆癸酉，我師沈虹舟先生掌教姚江書院，予與張君潛亭納贄而受業焉。師私淑安溪李文貞公，六經四書朝夕講貫，發前賢所未發，旁及史記、前後漢書、離騷、文選、李杜詩歌、韓歐論著，與夫近日亭林、阮亭、竹垞諸集，提要鉤玄，指畫口授，而君究心詩古文，於周官、儀禮研摩尤深嘗謂予曰我輩讀書將以經世也予亦以經學相規勉乙酉君以選拔授於潛訓導嗣是官國子得邀　欽賜一體　殿試中閒出處離合之節實齋先生已詳言之矣茲不復贅獨是君之遇如此君之學又如彼宜大展厥抱以施其經濟乃忽然奄沒竟不克與試嗚呼傷哉倘所謂莫之爲而爲者非耶嘉慶三年戊午君之嗣子應濤持君之詩古文十六卷請余抉擇余諦觀之其詩得力於杜韓文則取法於歐史外有殘缺周官隨筆六卷喪禮詳攷十六卷擬將次第修編另行付棗余與君在師門同筆研八載因專述其學問之淵源生平之密邇而又以嗣君之誠意懇至臨穎舒懷猶怳然數十年前院中肄業燈爐夜闌講貫時也

張則載四書總話

黃徵肅古山茶閣詩稾

黃徵乂瑞安縣志　鶴石山房詩稾詩續

諸豫宗西寧縣志

徐炎蜀道吟蔡英曰藍陛有志之士晚得一官以憂歸自刻其在蜀時游覽之作其警句云山果無聲

隨處落瀑花如雨亂空飛星河絕塞秋來早木葉空山夜響多

翁元圻困學紀聞注二十卷自序略王厚齋先生紀聞一書蓋晚年所著也先生博極羣書入元後寓居甬上足迹不下樓者幾三十年益沈潛先儒之說而貫通之於漢唐則取其核於兩宋則取其純不主一說不名一家而實集諸儒之大成顧徵引浩博猝難探其本原雖以閻潛邱何義門全謝山三先生之淵雅尙未盡詳出處元圻幼嗜此書通籍後備官禮曹嘗質疑於中表邵二雲先生先生教之曰閻何全之評注略舉大意引而不發子盍詳注之使覽者不必繙閱四庫書而瞭然於胸中乎余諾之而未敢必其成也丁未之冬揀發雲南從此移黔移楚未嘗不攜此書自隨偶有所得即細書於簡端凡三易稾而仍多未盡庚辰四月改官京秩因得借書於收藏家稍有增補旋自京旋里就正蕭山王穀塍同年又詳幾十條因刻之存於家塾

鳳西述聞

佚老巢遺稾二卷翁學涵跋涵七歲隨任湖南時先大父年已六十有五方著困學紀聞注公餘之暇凡經史子集與夫天文地理陰陽律厤諸書流覽博觀朝夕靡閒固未遑從事吟詠道光辛巳解組歸田益肆力是書至乙酉書成猶復以訓詁攷訂與二三舊雨互相研究亦不恆見拈韻賦詩往來贈答也棄養後檢點

遺篋得詩若干首大半中年所作蓋先大父志不欲存故任其散失不復收拾然高曾矩矱後人何忍棄之先君命涵就其可讀者鈔錄編次間或出示友人皆以爲有本之言卓然名貴雖偶爾涉筆與呫嗶小儒章摹句繪者異焉久欲授梓而絀於貲因循三十年甫得竟先君未竟之志而先君已不克見矣可哀也已

吴溶冬園詩草

邵瑛羣經攷正　邵家人南城詩注族伯祖瑤圃編修著有說文羣經正字劉炫規杜持平已刊說文經訓偶箋羣經攷正未刊

說文解字羣經正字　案瑛有劉炫規杜持平一書自敘謂壬戌秋紀文達命作規杜持平時方殫力於說文爲羣經正字之學未暇㫄及迨脫稾而余年已七十有四矣觀此知是書爲晚年手定專精極慮之作也

說文經訓偶箋

劉炫規杜持平六卷　自序

左傳自杜氏集劉子駿賈景伯許惠卿潁子嚴之注題曰經傳集解發明甚多古今稱之然棄經從傳先儒集羣矢焉故自杜而後南朝則崔靈恩著左氏條議以難杜北朝則張沖著春秋義略異於杜氏者七十餘事衞冀隆精服氏學難杜六十三事至劉光伯隋世大儒隋志記其撰左傳述義四十卷孔沖遠作正義據以爲本見於自序今亦

無從別識獨其規過唐志作三卷者孔氏一一標出而概
以爲非毋亦祖杜之過歟余幼承庭訓授讀是經蓄疑者
久矣壬戌之秋將乞假旋里謁河間紀文達公於邸第公
意若重有所託者瑛敬而請之慨然曰當日編纂四庫
嘗欲作規杜持平一書以釋兩家之紛今老矣有志未逮
惟汝同志其爲我成之瑛謹誌之不敢忘其時方殫力於
說文爲羣經正字之學猝猝未暇旁及逭脫稾而余年已
七十有四矣精力日益衰幾何不負師命也幸天假餘年
猶可力疾從事經始於甲戌之冬閱十有五月而書成顧
以炳燭之明又苦索居之久其去於負師命者又幾何也
噫是非誰折提命如新安得
起九京而執經問難也夫

史夢蛟借樹山房詩稾

黃梅峯四書解疑

諸開泉桑梓錄二卷 案是書首錄勝朝殉節諸臣熊汝霖王翊張孔教姜道元汪登瑞吳道正
楊在等皆 賜諡姚成胡國瑎黃堀陳子方等皆入忠義
祠次錄宋元禱送徐彥威胡南史慎思倪叔懌蘇生許仲
舉孫麟諸序趙撝謙送翁德賢楊希賢趙中孚駱敬則諸
序又鄒道朋厲延兩傳又方松墓誌銘爲第一卷錄邱濬

毛青傳王世貞呂本傳及世貞壽邵德久兩序爲第二卷蓋備志乘參攷者寫本僅存因詳其目焉二研齋小槀

翁忠錫倘然自得廬詩存二卷宗稷辰敘昔年於長沙藩廨始見小鳳世丈於子舍中時其尊公鳳西太年丈承宣潭州官事暇即課嶽麓城南弟子且庭授子若孫並命稷辰亦隨之會文間與幕中名流相倡和以是得見小鳳丈之文與詩闊別二十年稷辰居憂館於龍泉山得常接長者顏色兼示以先著及已作更談尊生卻病之方每來山館坐籃筍至山下輒止拾級上磴道數十層不以爲勞蓋山上皆姚邑先正祠宇不敢以輿代步又以山勢陡削舁者必喘汗故不忍也夫以仁敬孝慈之躬登高峻而不倦況素精修養神氣之葆聚者甚充方謂壽可耄期德可召龢性情所抒寫亦可以躋伊洛諸賢之閒不意其康彊而遽化也今令子學涵亦將六十不自稱壽而爲先德遺詩壽諸棃棗念丈在時素愛親稷辰先後追隨甚蒙契重爰屬爲敘其卷端雖愧不學義曷敢辭

翁學濬藤花軒詩文集

呂迪屐山山房詩稾七卷

羅繼章惜陰書屋詩草四卷

黃澄量五桂樓書目四卷 光緒乙未黃承乙刊 姚江書畫傳 西

明耆舊傳

潘肇豐鳴鳳堂詩鈔

岑振祖延緑齋詩集十二卷

胡壆和陶詩

吴大本餘姚三祠傳輯十二卷附貞節闡幽録二卷

諸如綬春雨草堂集

張廷枚姚江詩存十二卷 邵晉涵序略黎洲先生纂姚江逸詩自六朝迄明縣之文獻略備焉吾友張君羅山録本朝餘姚詩人詩編爲十二卷詒予爲序名曰詩存蓋取以人存詩以詩存人之義云爾

高杲滸山志八卷　胡梯青序略辛巳之歲高子亭午網羅舊聞延袤十里東盡白沙西抵眉山南訖烏山朔漸於海其閒山川城郭人物選舉古蹟祠宇等門輯爲八卷沈子鹿園纂而定之實一鄉之文獻也昔謝氏蕉軒志東山徵述漢唐宋故實尚已是編徵事亦信攷據亦確稍涉疑似概從闕如是東山之嗣響也徵信後人其在於是

吳江綺禪吟草

錢選百花吟

王清瑚周易簡義五卷　序略清瑚偕弟清槤校經於姚江學署合觀李鼎祚集解何楷訂詁李光地觀彖盧浙經義審及注疏通志堂經解諸家言恪遵御纂折中述義約文申義彙爲五卷

黃璧西野吟窗稾　宗稷辰傳略黎洲歿後門祚衰微而一脈儒風爲世壇坫代有名諸生騷雅淹博先生於同懷五人實爲主器孝友性成撫育諸弟二老怡然爲詩屏斥浮豔六朝綺麗之詞概不寓目樂道安貧不嗜榮利嘗夜行拾遺金立待移時失者尋至還之而歸鄉黨有爭者見先生至各自慚而退教人爲學以反求諸

身爲第一義中歲遭祝融故居蕩然卜築城西置田課耕曰使兒輩知稼穡艱難也晚顏所居曰西野吟窩

宋廷桓潄石詩鈔九卷

黃璋敘略余友宋君式瞻爲騷之苗裔自幼客三湘七澤間其地爲楚騷之地濡染庭訓發爲聲詩宜其清深而杳渺幽怨而多思也余聞君之遠祖在元則宋无逸爲繁昌教諭洪武初徵修元史分撰外國傳事竣乞還著庸菴集四十卷其詩傳鐵崖衣鉢能入香山之室又宋思賢元時本新城簿明初以明經召備顧問付編次唐人絕句精華行世又宋公傳與修永樂大典書成授官獨辭選元詩體要南海鄧林謂公傳深於詩故選詩加此之精之三先生者皆爲姚產何宋氏之多賢歟今君崛起海陲紹箕裘之學述韋孟之詩余以爲如君者非獨祖德可風眞不愧騷之苗裔者矣

褚錦春梅花書屋詩二卷

潘朗楚游草

謝渭台游草　閩游草

謝先春品雪齋稾

景山西爽樓詩集五卷　西爽樓古文二卷

景雲雪竇集二卷　景山敘余弟舜卿自少知學書能篆隸晉唐名帖自家藏以外必徧訪求或遇善本摹搨忘疲積敗楮面背俱書如塗鵶常纍纍作牛腰束尤喜爲歌詩每有所觸吚唔不肯休然嬾不自惜吟成輒棄去至其所得意復祕不示人生平砥廉隅不妄交接嵚崎歷落嶄然壁立顧有不可率以意諷令自遠因是人亦未嘗見其有忤色其夙所同研席者若曹漢雲周誠齋徐崑田嚴欽堯落落數人稱莫逆而筆墨往來崑田爲多方擬作無雙譜題未脫稾而病卒時年僅三十二也崑田珍其書法裝以錦軸捃摭遺詩得百五十餘首付諸梓庶備他日觀風之錄於舜卿固不爲無補雖然傳否不可知若崑田朋友之誼噫嘻盡之矣

王鍔石樵詩稾

嚴潔盤珠集十四卷　案此書乾隆時嚴潔施雯洪煒同輯

陸達履和梅花百詠　自敘梅花百詠元馮海粟子正氏作也分題寫照盡相窮形允稱賦梅大觀當時和者有釋明本一人後此無聞焉余求全集不可見因從各選本所錄釐厥異同得詩九十有七首蓋滄海

之珠尚有遺也歲癸巳下榻魏塘學舍雪窗無事爰就所見諸詠依韻和之都成一帙聊以自娛逮華陂黃廣文謬許云體物劉亮又出以沈摯之筆遂覺無美不呈昔人推瞿謝詠物最工作者當另置一席同人多索觀之然率爾效顰微特初寫蘭亭知難企及即以視明本詩工拙何如亦不追自計焉

剡湖竹枝詞　自敘越人越吟楚人操南音古志之矣余家世居姚之剡湖自庚申歲竊祿茲土雖相距不過二百里而桑梓之思時縈寤寐頃以秋試辦公順道歸省官程有限未暢所懷雨窗中憶少時有剡湖雜詠八首因舉山川風土舊德咫聞凡關涉剡湖者衍成竹枝詞一百首俾歷歷如在目前下里蕪詞了無倫次敢曰采備輶軒哉亦聊以寄余不忘土音之意云爾

胡啟俊逸周書王會解注釋　案是書晉孔晁注宋王應麟重加訂訓而啟俊釋之　四

書正譌　十三經質疑

徐佩鉞國策輯要　綱目輯要　念梅書屋史略　禮制異同考二卷　愛蓮詩鈔七卷　邵瑛敘愛蓮詩鈔者徐子季庵痛其子愛蓮之早亡次其家塾課之作也愛蓮幼有異稟詩文援筆立就出語驚人季庵愛之如掌上珠而督之甚嚴講習必時考其勤

惰眠食必與之俱而愛蓮亦克善承親志學業蒸蒸日上歲戊午登賢能書時余方備官薇省季庵卒以來都應禮部試擕其平日所爲詩文謁余於邸寓余讀之拍掌稱快及畢試得闈卷又讀之更稱慶謂連年取科第若摘頷底髭也季庵每聞余言輒大喜無何報罷辛酉再上公車又罷夫得失遲速有時再試不售亦何足怪顧奈何從此齎志以死也此在相識者且爲淚涔涔下不自禁況季庵之爲其父恩勤顧復自能言至弱冠無日不以嚴師慈母自處者哉雖然人之死與不死惟在傳與不傳耳出而應世用則不死者在事功處而勵家修則不死者在著述有可傳雖死猶生無可傳雖生亦死今愛蓮有詩如此裒然成集夫固死可以不死矣昔竹垞翁有才子名昆田不永年竹垞悲之不已迺輯其遺詩十卷鏤板以傳名曰笛漁小稾並季庵之輯是編亦猶是也將見愛蓮詩鈔與笛漁小稾傳而愛蓮之芳名亦復與笛漁後先輝映以視世之掇巍科登上第卒之草木同腐而無一字可傳者相去又何如耶命雖云短所存者長季庵可以稍慰矣夫愛蓮亦可含笑九原矣夫　西園雜錄

黃岱秋蛩吟

周喬齡楚游草

呂承恩紅雨山房集

黃徵哲東籬吟

黃徵謀淨齋百一稾

徐境甌吟紀事　括蒼詩鈔

朱文治繞竹山房詩稾十卷續稾十四卷　朱蘭跋繞竹山房初稾先大夫官海昌學正時梓成自嘉慶戊午迄道光乙未續稾又待梓矣故除夕述懷詩曰十卷新詩手自編又曰新詩續刻待來年後竟不果年踰八旬無事爲樂蘭不敢以歌詩請至辛丑後傷我伯兄加之兵燹反姚愀然不樂詩興由此減矣蘭圃於詞章卅餘載迨告養歸先大夫閒有指授又以家事不遑撈管自悔詩學茫無所得爰請同鄉湯敦甫杜尺莊鄔雪舫翁小鳳四先生酌一定諸前輩及同心友各有首尾題跋其中去取覃精不苟一字者則戴雲帆同年手定爲多原分十六卷今編爲十四仍付舊梓人侯氏字式悉如初承先志也惟是稾雖成而向之同審定者閒有殂謝或散處天涯干戈阻隔郵寄不易度之先靈亦銜餘歎斯則私心所不能自釋者爾繞竹山房詩

餘　益壽瑣言　鐵簫樓自訂年譜

洪光屋小眉山館詩稾續稾再續稾呂迪敘予與溥泉作詩皆五十年其初予耽而溥泉以妨病不肯苦吟及晚年而溥泉之稾之富反十倍予予名始稍稍挂於其集中其不數數以詩简困者渚上故多詩友而又一至甬東則有四明一派名流雋士輒與之唱酬己作固日增也客詩錄之亦輒裒然矣初稾續稾已兩刊而附之今且再續上版矣不知客詩仍舊例否惜乎予之和作更寥寥也頃伻來索敘言夫予何足以敘溥泉之詩敘溥泉之詩者前有翁太常今復聞有藕香周先生藕香今之皇甫也則予又何敢贅於其後然而不敢不應命者相賞或各有不同也世之論詩者動曰性靈夫無性靈安能成篇三百篇尚矣下逮漢魏六朝三唐兩宋以迄元明體雖因時而殊而其爲有性靈存焉者則一也今溥泉之詩吾特賞其無一毫蹈襲摹擬於前人而獨自成其爲溥泉之詩者也隨口而出即景而成譬如大塊噫氣一天籟而已矣孰有天籟而不成聲者乎孰有天籟而人不欲聽其聲者乎予蓋喜聽之而欲效其一聯半句則終不可得媿矣乎予之亦作詩五十年也

葉煒蛾術山房詩稾

朱森萌生詩文稾

朱蘭孟晉錄四卷　羣籍摭聞十二卷　師友言行錄五卷　日記十八卷　餘姚文獻　姚江事蹟　案此編爲久香閣學告歸後手錄時年且七十猶日手一編取可爲姚江故實者分韻編次姓名蠅頭細書夾注其下積久訂成三巨册不啻寸餘前輩老學之勤有如此者　補讀室詩文鈔　自訂年譜

張福屋黎花小閣詩文稾

邵家人桐華閣詩集　南城詩

邵同人一葉舟遺稾　朱蘭敘曩余乞假歸侍先君子詔曰吾姚後進有嗜詩者兩人焉韭山小埜昆季不出戶庭竟日吟唔不絕聲余識之而未見其人既而往還者數始知其幼失怙熟聞賢母訓無他嗜好墳篋一室翕如也小埜出見客呐呐不出諸口閒與論當世事則斷制中窾又侃然無所諱私心竊度小埜之才較韭山爲優往歲見小埜鶱其囈語參半試醫亦不效及讀其詩則深於情而似有所怫鬱於中者回憶癸巳歲余寓京

師聞近春先兄訃至悲其不得志於秋試雖經先君子之曲爲譬解亦無以開其悟而抑塞以終嗟乎嗟乎天地之大何不可容七守咫尺之見不復遠慮而卒以身殉者類如是乎夫死者長已矣而誼關手足者其何以爲情耶余欲摭拾先兄遺稾付諸棗棃十餘年來不獲暇晷今韭山獨能取小埜詩而鋟之而屬弁言於余非特動余之悲抑亦增余之愧也夫

景錬之醫學知新四卷

景瑞璇幼科證治眞傳六卷

胡望泉緘默存齋遺稾二卷

蔣松羹堂詩集

黃欽仁立志軒詩稾　續四書案

黃約仁白鶴草堂詩草　吳門偶吟稾

施丙半嶼山房詩稾

施烺且過居詩集

鄭雲林游燕詩鈔

孫樹雲友竹軒詩稾

沈志陛平園子二卷

沈貞半讀書屋筆談四卷沈文縈後序略昔予遠祖存中公著夢溪筆談世稱其考覈博雅先君子綏齋公隱居奉母不慕膴仕與世父平園先生以道義相切劘所居半讀書屋蓋取半日讀書半日靜坐之義暇著筆談以擬夢溪之書刺取經史傳記析疑辨誤因考古今事物之遷變帝王政治之得失復即近代賢俊錄其嘉言懿行足之所歷川塗幽秀狀其勝蹟旁及星厤卜筮神仙元化之事俯覽蟲魚鳥獸草木瑣細詭異無不因源竟委窮其理之所極凡書四卷又著修齋瑣語一卷附焉半讀書屋詩存

黃智烜孟子時事二卷末附孟子年譜考略　案智烜又有孟子年譜考三卷未見

黃烜忘掩詩稾

周白山海濱課餘草

胡聯桂小爾雅衍義

呂遵賢周禮約編　中庸滙解　課餘吟草

徐徵品泉詩稾

鄭樹櫄游燕詩鈔

沈文熒春萍館古文鈔詩鈔　磨盾草　棧車草　東槎詩文　眠琴榭詞

蔣珣易義無忘錄三卷姚學塽序略蔣君少泉嗜讀書尤深於易此錄分爲三卷上卷論卦爻及彖象傳之微旨中卷發繫辭說卦序卦雜卦諸傳之精蘊下卷推演河洛及後世說易擬易諸家之梗概書義無忘錄　詩義無忘錄　春秋義無忘錄　海濱圖說

三徑堂詩文稾

張炯親睦堂詩鈔四卷 呂賢基敘略莘田張公幼失怙家徒壁立能奮志讀書補博士弟子員屢舉鄉薦輒曆境益窘遂以母命出游衡湘間一時賢有司爭延致之而公恬澹自好少所營求游幕二十餘年積詩一篋行李蕭蕭泊如也晚年歸里門郎君早成立花晨月夕奉觴上壽而公吟哦不少衰詩更超渾入妙然則詩豈能窮人哉文孫文翰辛亥浙闈出予門下公車入都攜其祖遺稾一卷請敘於余并述其先世懿行予取其詩而讀之溫厚和平藹然有忠厚之遺風則其享大年而裕後昆者其來有自予故弁數言於簡端且以勉文翰之無忘舊德也

黃源厔鷦枝軒賸稾 宗稷辰敘略源厔天姿超邁弱冠讀程朱書即厭棄科舉學研求太極圖說若有神契性耽吟詠短篇長幅古音古節饒有飄然不羣之慨遺稾散佚弟炳厔爲挍集行世

楊觀治春明試草 餘英宦草 借陰軒詩鈔 嫏嬛爐草 甬東別草 蕪湖游草 薖軸寤草

黃炳厔方平儀象一册 測地志要四卷 兩太捷算二

卷　交食捷算四卷　五緯捷算四卷　厤學南鍼一卷

廮史厤準一卷　忠端公年譜二卷　棃洲先生年譜三卷　黃氏世德傳贊一卷　誦芬詩略三卷　辟餘吟稾三卷

徐愼篤齋詩稾二卷

朱金卿讀易管窺案金卿易説以既濟一卦爲主六爻定位他卦皆從此變化而生

朱銘餘杭偶吟草

朱壽彝雙藤精舍詩稾

徐靖臣桐蔭詩稾

朱逌然莊子輯注　列子輯注　急就篇補注　使湘日記　使蜀日記　孱守齋叢稾

朱衍緒大春山房詩文集　鹿亭詞二卷

葉維廉姚江小志　案維廉世居通德鄉以布衣留心邑中掌故此編所紀縣地古蹟舊聞山川風俗及城鄉近事各繫以詩多有可采抱遺訂墜其苦心不容沒也

朱定基留雲館詩一卷

閨淑

宋

胡莫氏賢訓篇一卷　莫氏宗伋妻　乾隆志題賢淑篇

明

孫楊氏詩一卷　楊氏名文儷歴妻詩稾附文恪集行世

國朝

姜祁氏靜好集一卷　祁氏字德淵廷悟妻

聞人徽音樊榭詩選鄭禹梅曰徽音詩思沈舉逸刻景鏤情能不寄人籬下

伍周氏家範　聞訓周氏憲文妻聞訓凡三十一則

伍洪氏彝訓篇洪氏烈妻

周謝氏絮風亭吟草一卷謝氏名素眞世法妻上虞謝太守廷樞女

名宦

宋

謝景初湖經

元

葉恆餘姚海隄集四卷采集遺書錄此書元餘姚州州判葉恆修築海隄而作裔孫翼彙各家歌頌詩文次之有元人陳旅王沂二記金華黄溍王禕二跋及戴良詩

明

耿宗道臨山志四卷慈谿馮成能序畧臨山東浙雄衞濱海巨鎮也其形勝產利人才宦蹟不減劇郡無以志之非缺典乎三吳懷雲耿公修文布武毅然以爲己任於是走幣於學士有文者張子訓謝子鉄陳子原中輩諏日始稽讞言考野集徧稽諸載記而亟成之蓋欲盡得衞所之情與衞所之術而裁之以資治理而詔軍士埀後人也是書之利溥矣

國朝

康如連餘姚縣志二十五卷

唐若瀛餘姚縣志四十卷乾隆四十年修

鹿嗣宗餘姚聖廟志輯要三十卷自序餘姚之有聖廟自宋元明以來代有增修而聖廟志則從無議及之者余甫下車謁聖廟見殿宇傾圮謀諸邑士不朞年而廟貌重新暇日遂酌定志書作例條繫件舉成輯要若干卷末附餘姚名宦鄉賢忠義各傳同輯者教諭高維嶽訓導張元叔

方外

元

如皋西園集　千頃堂書目題西閣集字物元四明人趙撝謙詮次天台朱右序

明

宗林香山夢寱集一卷　千頃堂書目字大章餘姚宋氏子嘉靖閒爲戒壇宗師世宗奉道宗林上書勸諭帝不以爲忤　黃宗羲曰林年十三出家嘉靖初游都下屏迹香山開萬壽戒壇詔選宗師爲十座首林其一也臨終有辭三寶辭世詩題曰浮生夢幻篇與香山夢寱集傳於世

國朝

正嵒同凡集二卷　王士禎曰徐繼恩字世臣武林名士亂後爲浮屠名正嵒字豁堂爲詩清麗不落凡近一字坡公所謂無蔬筍氣者也又漁洋文略游雲谷寺記上人貽豁堂詩自蔣陵至青谿遂盡其卷湯休帛道猷之流也　商盤曰豁堂諸體俱極清俊與滇僧蒼雪詩並重海內　張廷枚曰王文簡以豁堂爲杭人誤矣豁堂本餘姚徐氏子寄迹禹航祝髮靈隱

等安偶然軒詩 倪繼宗曰等安號全拙吳僧姓氏里居皆諱言之薙髮來藏經閣邑中知名之士皆與之游顧與余交最早晚年住錫鄞之五峰黃宗羲稱其詩清絕無煙火氣又善飮酒後耳熱抵掌談經世之務蓋娓娓焉張廷枚曰等安餘姚法華庵僧後住藏經閣者黃太冲曰全拙詩如挂雪長松枯枝半折非深於寒餓不能也朱緯章曰全拙訪勝靈緒卓錫穴湖甕牖席門借木石爲伍不願與軒車一接禪罷微吟信手拈出妙句天成皆至性所抒非復規規擬合

大瓠詩 張廷枚曰大瓠字用無宣城人住龍聽庵全紹屐曰節在姓沈名麟生字丹敍副使壽嶽長子雅藻翩翩後削髮受戒於靈巖儲公已而之姚江黃竹浦依黎洲兄弟以居築龍聽庵於山中尤與晦木唱和相得叢林稱爲龍聽大師

諦信清池詩集 張羲年曰諦信前在華山時從黃野鴻先生學詩今居餘姚積慶寺有集數卷

餘姚縣志卷十七藝文下終 光緒重修

餘姚縣志卷十八

職官表

吳	長	朱然（有傳）　朱桓（有傳）　呂岱（有傳）
晉	令	山遐（有傳）　容舒　孫統（有傳）　許謐

謝勝 乾隆府志

永和中任桑世昌蘭亭攷作謝滕

桑沃

楊端 隆安三年孫恩寇邑僞署沈穆夫吳恩爲令謝琰劉牢之斬之乾隆志吳恩作吳興

宋

令

韓景之

張永有傳
何玢之
劉仲道
何恆乾隆志恆作桓
沈伯玉康熙志

齊

令

左嘉
徐中庸

梁

令

王籍臨沂人

	陳
劉杳 有傳 閻潤之 郤桂林 乾隆府志 郤作邵 賓階 乾隆志階 作陛 明震 乾隆志案 震字輿道山賓子見梁書明山賓傳舊志誤作宋令	令 沈瑀 有傳

展敬

斯干

唐

令

李元隱乾隆志案唐書宗室表作元隱舊志誤作李元億

李悰乾隆府志悰作琮

張辟強康熙志強作疆

袁邠

丞

主簿

李少眞乾隆志采唐書宗室表

尉

李讓乾隆志采唐書宗室表

鄭光昭乾隆志采唐書宰相世系表

謝夷甫　耿緯送謝夷甫宰餘姚詩君去方為宰干戈尙未銷邑中殘老少亂後少官僚廨宇經兵火公田沒海潮到時囙變俗新譽滿餘姚

崔孚　乾隆志案白香山集孚由常州錄事參軍浙東採訪使援餘姚令

王恕　有傳

嘉靖志曰秦漢閒治吾姚者不可得而譜獨吳書記闞澤父爲餘姚長顧名佚不傳三國以來乃頗可著然亦多缺佚綜歷代史記及縣故牒自吳黄武訖唐乾寧六百七十餘年得令才三十八又無歲月可攷記丞以下則絶無所著見蓋邑乘廢不作賢不肖皆湮其蹟無以寓褒刺示勸戒悲夫

宋

知縣 以京朝官任主治民政勸農課桑戶口賦役錢糧振濟給納之事兼主石堰鹽場

縣丞 主修水土及市易之政山澤之利

主簿 主出納官物句稽簿書

縣尉 主閱習弓手禁戢奸暴紹興初增置武尉一人

天聖

孫藉 七年任

鄭紓 乾隆志案紓字武仲安陸八天聖八年登第知餘姚見蔡襄雙

虁齋集

慶歷

謝景初　七年任有傳

陸煥　八年任

皇祐

江褎　二年任乾隆志作元年

李廓　四年任

王敘　五年任

至和

宋廣國　二年任

嘉祐

裴彥輔　六年任年佚

韓宗道　有傳

李逢　乾隆志案逢見宋史刑法志年佚

葛良嗣　麗水人六年任

治平	熙寧	元豐
曾鯤 元年任	施邁 元年任 林迪 五年任 黃鑄 九年任	劉撝 長興人二年任蘇軾送劉寺丞赴餘姚詩中和堂後石楠樹與君對牀聽夜雨玉聲哀怨不逢人但見香煙横碧
	李子筠 五年任有傳 李撰 楊龜山集撰蘇州人字子約熙寧六年進士任餘姚主簿年佚	

縷謳吟思歸出無計坐想蟋蟀空房語明朝開鏁放觀潮豪氣正與潮爭怒銀山動地君不看獨愛清香生雪霧別來聚散如宿昔城郭空存鶴飛去我老入閒萬事休君亦洗心從佛祖手香新寫法界觀眼淨不覷登伽女餘姚古縣亦何有龍井白泉勝甘乳千金買斷顧渚春似與越人

	政和	宣和
爭日注乾隆志作劉誼今據馮氏攷定蘇詩施注正說詳後案 林萱莆田人五年任	廖天覺二年任 范直隱五年任 丁寀七年任	汪思温二年任有傳 江嶢六年任
	陳家輔二年任有傳	

乾隆志嶢作曉

建炎	紹興
李穎士 二年任有傳 三年金人陷邑令丞皆奔金署陳時彥知縣事 葉烜 四年任	蘇忠 二年任 徐端禮 三年任 陳時舉 四年任 趙子潚 七年任有傳
	馮榮叔 三年任 乾隆志案舊志作榮叟據資治通鑑校勘姓氏改正 晏敦臨 四年任 黃仁儉 二十三年
	聶應泰 二年任 王絪 三年任
	楊襲璋 有傳 史浩 十五年任有傳 魏杞 十七年任 案史浩傳云浩代同縣

樓琚　十年任

朱伯之　十四年任

高敏信　十七年任

李碩　二十三年任

蘇忠覩　二十六年任

王將之　二十九年任

趙綱立　三十年任

隆興

王度　元年任

魏杞尉姚則魏任宜在史前然未注歷任年甲姑記之以待攷

王涓 二年任

乾道

王垂 二年任

蔡憲 五年任

許昌言 六年任

留觀頤 七年任 乾隆志一作觀順　案舊志凡乾道年皆列入隆興今依宋史正

湻熙

趙公豫 元年任

樓鍔 三年任

范直質 四年任

沈煥 定海人有傳

熊克 乾隆志案克字子復建寧人湻熙中爲餘姚尉見四朝聞見錄

章澐 五年任
張渭 八年任
李祺壽 十一年任
蔣綸 十三年任 有傳
姜處寅 十四年任
湯宋彥 十六年任 有傳

紹熙
李申 三年任

慶元
施宿 二年任有

年佚

紹熙
趙伯威 五年任 乾隆志作紹興中任

慶元
陳鍾 五年任

	傳		
	常褚 五年任		
嘉泰	趙善湘 二年任有傳		史彌迥 年佚
開禧	何沆 元年任		宋深 二年任
	洪槔 二年任 攻媿集遵子		
	宋深 康熙志三年任		
嘉定	趙希哲 二年任		范金 十一年任
	朱拂 五年任		趙時鏞 十六年任

	俞抗八年任 王挺十一年任 袁肅十五年任 陳忠直十六年任 王綸十七年任			
寶慶	孟繼華元年任			葉鑄
紹定	孟點元年任			
端平	趙汝熟二年任乾隆志作元年			
嘉熙	王佖二年任 劉彝孫四年任			

淳祐	寶祐	景定	咸淳	祥興
陳允平三年任千頃堂書目曰湖漁唱註允平字君衡號西麓明州人淳熙中嘗爲餘姚令 陳剛翁七年任	李庚二年任	趙崇倏三年任	陳維嘉七年任 趙從簡八年任	施炎元年任
		張仕遜乾隆府志作仕士	吳化龍十一年任	

馬廷評

梅堯臣送馬廷評知餘姚詩越鄉知勝蜀君去莫辭遙曉日魚鰕市新霜橋柚橋河流通海道山井應江潮近邑逢鷗鳥先應避畫橈

謝寺丞

梅堯臣送謝寺丞知餘姚詩姚江千里潮汐應山井亦與江潮通秋來魚鰕不知數日日舉案將無窮高堂有親甘

可養下舍有
弟樂可同縣
民舊喜諸郎
政努力莫愧
今爲
翁

牛祕書

丞嘉君

嘉靖志曰余讀唐耿緯及宋梅宛陵范文正蘇文忠集有送謝夷甫及韓持正劉謝兩寺丞馬謝兩廷評出宰餘姚詩諸公言皆金玉不與非八又讀海隄後記牛祕書嘗知餘姚作石隄捍海讀晦翁書記丞嘉君治餘姚有古循吏風不肯受朝廷和買民蒙其施惟謝廷評爲師厚民此其人最著事在名宦傳餘若此類名湮滅不稱不可得而論列之悲夫

案夷甫康熙志已收官師表持正乾隆志云僅存其字今據授堂金石文字跋攷得名宗道嘉祐四年進士兼有治蹟可補傳劉寺丞施注蘇詩云名誼號宜翁馮應榴攷宋本無此注據湖州府志定爲劉撝號

行甫長興人治平二年進士乾隆志案尙未覈惟蘇詩編年送寺丞詩作於元豐己未則題以元豐二年爲允若謝寺丞牛祕書名終無攷永嘉君并姓氏佚之雖有名賢贈詩時代畧有可稽仍無由定爲何年任此今並附於此以俟攷訂

邵濟翁 乾隆志案林景曦霽山集虛心堂記云虛心堂者前餘姚宰邵君濟翁所居也

陳最 會稽掇英總集有龐集鄭戩歐陽修等送陳寺丞最知餘姚詩共七章

劉緯 宋庠元憲集：緯知餘姚縣

陳慹 宋濂潛溪集陳宅之墓銘：慹知餘姚

陳卓 樓鑰攻媿集陳居仁行狀：居仁莆田人，子六，卓新知餘姚

元

達嚕噶齊 號曰監縣，主縣事，兼勸農，收掌縣印　案原作達魯花赤，今正

縣尹 號曰司判，正官，封署縣印

縣丞 僉署縣事

主簿 僉署縣事

縣尉 僉署縣事

至元						
馮帖古歹十三年任	李扎忽兒歹十五年任	陳忙古歹十八年任	木八剌二十一年任			
杜仲仁十三年任	岳嵩十五年任	翟廷玉十六年任	孟之達十八年任	龐順二十三年任	陳鑑二十	
蕭修己十三年任						
馬驥二十一年任有傳						

七年任

夏杞　十三年任

元

達嚕噶齊　號曰監州職同監縣案元貞元年升縣爲州改官制自知州以下異其名稱其職司大率同前

元貞

脫博歹　二年任

知州　職同縣尹案百官志上州州尹秩從四品中州知州正五品下州知州從五品本州不及三萬戶爲下州

高慶仁　二年任

州同　與知州圜坐署事

探馬赤

判官　與知州圜坐署事

徐温

趙驎

吏目　專主關署公牘始行

大德						至大	
寶合丁元年任	愛也祖丁四年任	木八刺六年任	曲辥的斤八年任	亦連眞十年任		禿堅迷失不花	
張德珪元年任	羅天祿八年任	完顏從忠	焦簡	元貞	張謙以上四人年佚		
王士志	劉郁	邱鐸	張成	劉榮		八哈瓦丁	
張伯惠	王英	張惟剛	史孝純	李世甯		尹弼	

三年任
帖陌年佚

王玠
趙孟貫
禿于牙里
侍其毅
趙允中
周徵以上十三人歷任年佚

李椿
段好古
張理
王世敬
和肅嘉珪
蕭政
王思恭
趙增
李讓
鄒潤祖
王伯顏察兒

	延祐
普答失里	察罕　四年任
	羅坤載　七年任
王淵	夏賜孫　四年任
	汪文璟　後知本州 方君玉 牛彬　康熙志天歷中任 王察罕章　以上二十三人歷任年佚

至治

七年任

劉隆二年任

脫脫三年任有傳

牧薛飛二年任

羅也速歹兒三年任康熙志作泰定中任

鐵閭

楊思義

脫因納

徐容

贍思丁以上六人歷任年佚

泰定	天曆
暗都刺 二年任	拜住 二年任
宋元佐 二年任；蕭元賓 三年任	李恭 二年任 有傳
	帖木兒不花 二年任；賈策 二年任
黃茂 邑人 有傳	張志學 二年任；唐儁 二年任；牛彬 康熙志；王察罕章
	陳天珏 二年任

至順

曲薛捏二年任

鑾子元年任

吳忙兀不花

何眞童二年任

徐榮康熙志榮作容

宇文公諒三年任有傳

劉輝有傳

康熙志

石抹五十六

亦思哈

唐忽兀帖木兒

楊文傑

李仲良

脫因不花

以上六人歷任年佚

沈思齊元年任

元統	至元
忙兀歹元年任	
王惟正新建成德養蒙文會碑記	劉紹賢元年任案新建成德養蒙文會碑記云至元丙子學毀於火知州王係惟正創復之繼其任者劉係紹賢按丙子係至元二年則劉作元年任疑誤 何蒙五年
江燕只吉歹元年任	陳小云失不花元年任 李適祖 那海五年任 陳柏楊据山居新語柏字雲嶠泗洲人五年任
黃元承黃譜二年任	葉恆元年任有傳

任

至正

阿昔帖不花 二年任
哇哇 八年任
也里不花 十一年任
烏伯都剌 十四年任
奧蘭鐵睦爾 十七年任

盧汝霖 二年任
劉明祖 三年任
龍霖 四年任
朱文英 六年任 康熙志英作瑛
盧夢臣 七年任 附郭文煜傳據

宋天祥 五年任
觀觀 八年任
大都不花 十一年任
李英 二十年任
戴翔 十九年任

完者都 元年任
花口 名佚
楊興祖 五年任
陳永 六年任
赫赫 七年任
月倫實海牙

陳彬 三年任
李致堯 四年任
席齊卿 六年任
章伯高 九年任
顧有 三十年任

帖士温至正六年修南雷廟碑銘

傳係文煜後任　汪文璟八年任有傳　郭文煜九年任有傳　張祚十二年任　董完十三年任　哲溥化十七年任康熙志溥作

海朝宗二十三年任　幹堅不花二十四年任　禿堅康熙志年佚　護都乾隆府志年佚　黃梓宋庸庵集黃溍行狀子梓同知餘姚州事

八年任　傅常十一年任有傳　程國儒十二年任乾隆志案舊志作邦民攷新安文獻志程國儒字邦民歙人令正　元生二十年任　張彥恭至正

博

謝理十九年任有傳

汪溶二十三年任

李樞二十四年任父恭傳附

李誠齋至正六年修南雷廟碑銘

六年南雷廟碑銘

楊嗣宗至正六年南雷廟碑銘

明

知縣總治縣事

洪武

陳公達清江人四年任有傳

徐魯詹南陵人十

縣丞僉署縣事

主簿僉署縣事

典史專主關署公牘

	建文	永樂
一年任		
李清仁化人二十七年任	唐復武進人二年任有傳案永樂初革除建文年號嘉靖志例作洪武三十三年今正	都祀海豐人二年任有傳
		馮吉上海人三年任
		胡甯太平人十七年任
		秦猷舒城人十一年任
		張祥泗州人

王文十一年任
薛文清長泰人十七年任
劉仲戩盧陵人十八年任有傳

宣德
黃維星子人元年任有傳
盧祀封邱人四年任

正統
李郁山陽人四年任

王顥五年任
蕭瑛襄陽人六

金翥元年任
王興四年任

吳成七年任
許文九年任

劉勉五年任
楊茂七年任

景泰

余凱六年任

余克安上饒人九年任

蘇宏襄陽人十二年任

陳敏巴縣人元年任

年任

宋貴華七年任

文□名佚九年任

馬高嘉定人十二年任

陳□名佚十二年任

周貫十三年任

羅靖元年任

毛□名佚四年

安慶府志懷寧貢生

葉□名佚四年任

天順

詹源澤 黃州人五年任

任

金綬 上海人元年任

張禧 靈壁人三年任有傳

王珩 巴縣人五年任

張杰 上海人八年任

吳悊 七年任

劉方 元年任

李顯 元年任

賈□ 名佚三年任

陳諒 五年任

高敏 元年任

胡睿 三年任

成化

黃瑜 二年任

陳纓 十二年任

阮□ 名佚二年

陳□ 名佚二年

劉規巴縣人六年任有傳
董安漳浦人十二年任
胡瀛羅山人十五年任有傳
賈宗錫常熟人十八年任有傳
劉應徵千頃堂書目湖山唱和詩注澶淵人

十九年任
李實廣安州人任

張勛五年任有傳
方璇十年任
趙奎十四年任
陳聰十八年任

張聰五年任
李□名佚十年任
陳瑞十二年任
林富十四年任
曾瑛十七年任
李鼒十九年任康熙志作李才鼎
胡□名佚二十年任

弘治

王貫 順天人元年任

周進隆 鹽法志宏治初推官築塘於新塘下今名周塘

張弘宜 華亭人四年任有傳

程玉 江西人七年任

周霖 乾州人九年任有傳

沈績 二年任

于英 七年任

季□ 名佚九年任

金輅 十一年任

王珙 十三年任

黃瓘 十五年任

陳□ 名佚十七年任

魏珊 揚州人十八年任

喬嶽 元年任

粱紹 八年任

劉希賢 宣城人十年任有傳

金□ 名佚十三年任

劉希賢 十五年復任

王□ 名佚十七年任

陳瑄 十八年任

郭宏 二年任

唐榮 七年任

葉香 十四年任

	正德
董鑄 安肅人十五年任 顧綸 嘉定人	張瓚 六合人五年任有傳 屈銓 翁譜三節傳八年署 劉守達 開州人八年任 呂昨 眞定人十年任乾隆府志昨作祚
	楊昌廷 四年任 蘇霄 八年任 謝忞 南州人十一年任
	張世忠 四年任 彭瓘 六年任 任恩 十三年任乾隆志恩作思 朱鑭 十四年任
	徐眞 五年任 李成 七年任 張魁 松江人十年任 陳佐 十五年任

朱豹 上海人 十五年任 有傳

邱養浩 晉江人 十六年任 有傳

嘉靖

李□ 黃山橋碑記名佚 三年任

楚書 寧夏人 四年任 有傳

楊銓 邳州人 六年任

左傑 恩縣人 八

魏居仁 元年任

廖振纓 七年任

宋鎬 八年任

陸浙 吳江人 十一年任

金韶 太倉人 十四年任 附顧存仁傳

陳泰 二年任

彭英 四年任

詹鵬 歙縣人 十一年任

李光義 清水人 十四年任

于詢 六年任

劉文璁 懷安人 八年任

歐陽京 泰和人 十七年任

年任

江南濟陽人九年任

顧存仁太倉人十一年任有傳

顧承芳臨淮人十五年任

阮朝策麻城人十九年任

葉金續科題名碑記十九年由紹興通判

徐璣武進人十九年任

攝有傳

以上本嘉靖志凡本志所遺別見他志史集諸書金石文字者以次補列原已著錄互有異同者參校得失攷訂舛誤一切分注名下卷中及選舉表放此

嘉靖

劉應箕巴縣人二十四年任
胡宗憲二十八年任有傳
沈晃丹徒人三十年任
王繼津修學碑記

甯守初
羅鉄有傳
趙鏜
江東鳴乾隆府志鳴作明
滕瑤
范選

繆鳳
孫相
朱臣
張恩
寶槃
凌東漢
汪肥

吳富
李鍾
彭達
何頤
高克修

三十年任

鄭存仁臨清人三十一年任乾隆府志仁作三

李鳳三十三年任

李伯生三十五年任

徐養相三十六年任

吳成器重郴武安

方澤

隆慶

王廟碑記以通判署

林仰成修嚴祠記

莆陽人三十九年署

周鳴塤四十年任有傳

張道四十三年任有傳

鄧喬林四十五年任有傳

李時成蘄水人有傳

郭鎔

姜琪

姚濂

孫旦

胡大寬

胡楦

萬歷

陳勛四年任有傳
丁懋遜九年任有傳
吳成器武安王廟碑十一年署
周子文無錫人十四年任
葉煒十七年任有傳

余用中
周寶
賀嘉邦
王道行長洲人
江原岷
鄒正己雲夢人
沈惟中
楊元臣有傳
朱應魁
余建立

李序
馬元齡
宗周
路汝讓
王雲同
顧應乾乾隆府志同安人
興化人
張卿
孫承宣
傅汝霖
陳嘉訓

梅守儉
涂經
黃佐
李從秀乾隆府志
張可繼
陳舜綱
劉治
劉銑
楊如璋

馬從龍 二十年任有傳

江起鵬 婺源人二十五年任附馬從龍傳

史樹德 金壇人二十九年任

黃琰 晉江人三十一年任

楊萬里 松江進士三十四年任

吳湇夫 晉江進士

胡應浙

丁嘉臣

羅中旦

黎容偉

程尙友

江文輝

王三聘

傅宗倫 乾隆府志宗作中

邵陞 儒學碑記

潘一鳳

張思麟

鄭登輔

王三才

	天啟
三十八年任 董羽宸 四十一年任有傳 錢應華 清江進士 四十四年任	譚昌應 江西進士 三年任乾隆府志作應昌 李寓庸 揚州進士 三年任 祁逢吉 金壇進士
	吳之彥 潘濬 翁宗洙
	吳文鼎 陳夢洙 何至大
	俞允文 林雲章

乾隆府志六年任各舊志作三年任

崇禎

蔣燦 長洲進士元年任
梁佳植 分宜人四年任有傳
朱芾煌 無為州進士七年任
劉維芳 荊州進士十年任
王正中 十年任有

朱萬鎰
沈大奇
陸光淵
覃懋
歐陽暉
柯淑淇
莊湇

龍尚袞
鄭國讓
吳第先
林紹震
朱鉉

江有瀚
李如沖
諸秉忠
李卓達
任世英
王思聖 乾隆志新建人國初順治朝猶在任
夏驛丞 名佚乾

傳

袁定 華定人十二年任有傳

王曰俞 常熟進士十七年任

國朝

順治

知縣

趙守紀 完縣舉人三年任

余國柱 昆山進士四年任

胥庭清 上元人六

縣丞

鄭居謙 寧國人

張吾樟 建陽人

沈良賓 順天人

生秉正 兗州人

姚應選 遼東人

典史

王思聖 新建人

劉大功 德建人

廖康方 龍溪人

金士俊 大興人

魏在陽 富平人

隆志案羅玘南城集有送貞驛丞之任姚江詩舊志不載驛丞今附此

年任有傳

陳廷樞丹徒進士十一年任

何緍梁山進士十八年任以上歷任年原闕據乾隆府志

趙承祚西安人以上歷任年佚

以上歷任年佚

康熙

朱岱山東貢士乾隆府志三年任

潘雲桂遼東監生乾隆府志旗人五年任丁未修學碑記號潤公遼

莫琛華亭人

陳雲師莆田人

王學伊長武人

丁彖乾錦州人乾隆府志脫彖字

陳文煥乾隆府志

江南人

于作礪乾隆府志

山東人

王含光江都人

東蓋州衛人

張仲信奉天人乾隆府志旗人十三年任

李成龍遼東人乾隆府志正藍旗人十九年任

李樹陛陝西舉人乾隆府志陛作陞三原人二十五年任

康如連安邑人二十七年任有傳

劉光顯遼東人康熙志名籍並佚據乾隆志以上歷任年佚

田守一淮安人乾隆府志桃源人以上歷任年佚

以上本康熙志例同前

知縣

縣丞

巡檢案巡檢始見乾隆志三山廟山中村三司分紀今紀列按年編次

典史

康熙

韋鍾藻三十二年任有傳

楊昌言黔西州舉人四十一年任乾隆府志作四十三年任

劉俊高安人四十三年任乾隆府志作

余國佐三十七年任乾隆府志漢陽人

徐秉政四十五年任乾隆府志旗人

洪雲行五十三年任乾隆府志歙縣人

張允泰五十七年

王澤茂廟山三十三年任

高雲騰三山四十四年任

郝梅三山四十五年任

張機廟山四十

朱用梅

樊楠棟四十四年任乾隆府志直隸人

李蘊生四十六年任

倪旭初五十一年任乾隆府志直隸人

高要 高錫爵長樂舉人五十四年任 張允端五十八年任
任乾隆府志旗人 邢玳五十九年任 牛偉六十年任
七年任 李德裕中村四十七年任 許成功廟山四十九年任 閻應甲中村五十二年任 楊浩三山五十三年任 黃灝三山五十七年任
尤能五十五年任乾隆府志直隸人

雍正

葉煊文 二年任
彭紹堂 雍正九年
黃忠端祠碑記
張永熹 十年任
王口 雍正九年

邵豐 三年任
樊琦 七年任
邵武 十年任

靳卓仁 中村五十七年任
朱蘭 廟山五十八年任
宋國光 中村六十一年任
謝邦達 中村三年任
續祿 廟山六年任
園炳 廟山十二

程時中 元年任
邢明德 四年任
黃志綸 十一年任

重建通濟橋碑記名佚歷任

梁澤　年佚有傳

年任

乾隆

趙預　二年任有傳

李煐　六年任

蔣允焄　八年任有傳

施念曾　宣城人九年任

陳惟和　十一年任

曾光先　十八年任

曹錫寵　三十一年任乾隆府志大興人

吳昇運　三十七年任乾隆府志南海貢生

鍾洪忠　三十八年任乾隆府志南昌貢生

章錦文　三十九年

馬尙鵬　廟山元年任

張連　三山二年任案始由封山移駐滸山

邵錦芳　廟山二年任

劉廷相　廟山七年

湯永慶　元年任

程之澧　十二年任

梁中立　十五年任

湯鼎和　南豐人二十年任

張智　二十六年任

沈朝相　三十二年

王令 十三年任
左維憲 十四年任
曾瑄 十四年任
張松 邵陽進士十五年任有傳
李化楠 羅江進士十七年任
馬文炳 拔貢二十一年任
劉長城 澧水舉人二十三年任

任乾隆府志吳縣人

任
俞漣 上元人廟山十四年任
曹作楹 中村十五年任
利天龍 鎮平人中村十九年任
白也潔 太谷人三山二十年任
蔣正縉 三山二十二年任

任
譚際甲 攸縣人四十年任

施奕學 漢軍二十五年任

王欒 陝西進士二十五年任

舒希忠 大興舉人二十六年任

唐文遠 三十年任

王者賢 蒼梧舉人三十年任

多澤厚 阜城舉人三十一年任

王億庚 三山二十三年任

張韜 廟山二十三年任

吳秉乾 三山二十七年任

秦鉷 中村三十二年任案衙署志鉷作瑱

余鳴球 山陽人三山三十六年任

陳九霄三十二年任有傳
顧元揆元和舉人三十四年任
程明憬孝感進士三十八年任
唐若瀛三原舉人四十一年任有傳
李汝麟山陽進士四十三年任

張錫燕廟山三十七年任
馬星燕介休人廟山四十一年任
洪其麟玉屏人中村四十一年任

以上本乾隆志例同前

乾隆

盧甲午許州人五十年任
陳昶宛平舉人五十三年任
劉照南豐人五十六年署
王奭武普安舉人五十七年任以上見乾隆府志
戴廷沐督署憲綱册元和人六十年任

王元弼修學碑記四十一年署
李烱郫縣貢生四十四年任
蔣重耀陽湖副榜五十四年任以上二任見乾隆府志
陳鶴瑞督署憲綱册吳縣監生五十八年任

袁士元五十一年任三山
吳士拔五十四年任三山
宋吉祿迪任州人五十六年任三山以上見許山志
曾毓芑督署憲綱册江夏人六十年任中村

程煐祚乾隆府志嘉定人四十四年任
陳鳳鳴督署憲綱册長洲人五十九年任

蔣重耀抱經堂集蔣和甯墓表署知縣

嘉慶

張修黔西州舉人三年任

定育鑲黃旗舉人五年任有傳

張吉安八年任有傳

陳□□名佚九年任

劉照十一年任

周積耀吳縣從九品五年任

趙球江陰監生十三年任

劉邦彥漢陽監生二十一年任以上督署憲綱冊

黎奕旦橫州捐貢元年任廟山

郭世垛元和監生二年任三山

劉輝江都監生三年任廟山

沈爲霖宛平供事五年任三山

馬時彥涇縣監生

陸寅督署憲綱冊元和監生十六年任

餘姚縣志　卷十八　職官表　二十三

張青選　順德舉人　十三年任

熊如洵　高安進士　十五年任

鹿嗣宗　定興監生　十七年任有傳以上督署憲綱册

盧□□　名佚學宮弟子録二十一年正月在任縣試

吳□□　名佚學宮

六年任中村

康廷燕　興縣舉人　七年任廟山有傳

翟昂　澄縣供事　八年任中村

程雷　永寧監生　十一年任中村

馮聯祚　代州監生　十七年任三山

邛伊　天長監生　十八年任中村

道光

楊□□名佚二年

弟子錄二十年十一月在任縣試

涂日燿奉新舉人二十二年任

石同福吳縣監生二十四年任

附定育傳

以上督署憲綱冊

唐汝諧督署憲綱

唐景章富平監生

周仁孝永濱貢生二十年任廟山

殷兆奎江夏吏員二十一年任中村

王重遠濳山監生二十三年任中村

洪光遠宜黃供事二十三年任廟山

伍鳳儀大興監生二十四年任中村

諶東皋督署憲綱

署

石同福　三年復任

袁　名佚五年任

崔之煒　太平人八年任附定育傳

疏篔　十三年在任

張維孝　十四年在任

宛震　十六年在

冊海康監生元年任

元年任三山

何煥　廣昌監生三年任中村以上督署憲綱冊

李凝宇　陝西人任三山

徐廷桂　任三山

陳一模　任三山

譚爲霖　陽江人任三山有傳

冊宛平供事二年任

任

洪錫光江西進士十七年任有傳以上學宮弟子錄在任縣試縣冊

崔明二十年在任

汪仲洋縣冊二十一年在任

彭松年學宮弟子錄二十一年在任縣試

林朝聘二十二年

在任接待寺碑記吉水

羅超曾進士

二十三年在任

李道融夏邑進士

二十六年在任

何煦綸靈石監生

二十七年在任以上學宮弟子錄在任縣試

李檠洋縣舉人

三十年任學宮弟子錄咸豐元年在任縣試

咸豐

吳榮楷湘鄉進士二年任
宋賓王萊陽進士四年在任
崔家蔭祥符副貢五年在任
賈樹勳武安進士八年在任以上學宮弟子錄在任縣試
湯金策縣冊九年任

洪貽穀九年任中村
李遇春吳縣監生十一年署三山

陳學昌宛平人五年任

陶雲升 天津進士 十年任 有傳	同治				
	陳益 闕縣舉人 六年署 有傳	陳彥增 清和監生 九年代理	陶雲升 十年復任 以上縣册		
	吳芝田 常熟監生 元年代理	李遇春 吳縣監生 元年代理	謝祖培 華陽監生 二年署	車鳴鑾 祥符監生 三年任	張受書 武進八人
	張榕 南昌監生 元年代理廟山	孫廷贊 壽州監生 元年兼理中村	費德鄰 二年代理中村	余炳奎 邛州附貢 四年任廟山	朱桂植 上元監生
	孫廷贊 壽州監生	聶葆眞 南昌監生 元年代理	李燕賓 興化監生 二年署	曾繼賢 江夏監生 四年署	傅爾鍈 交河監生 六年署

年署
吳承恩 武進監生
八年任
江順詒 旌德廩貢
九年署
胡家瑞 九年任
金枚 吳江監生
十一年署
李維楂 遵義廩貢
十二年任
以上縣冊

五年署三山
傅殿颺 五年署中村
姚宣 丹徒監生
六年署三山
楊湛恩 六年任三山
陳金增 休甯監生
六年署中村
勇知方 江陰監生
七年署中村

七年署
李起翔 古田監生
八年署
史孝善 溧陽監生
九年署
李世璵 祁陽文童
九年任
以上縣冊

吳福成　桐城監生　八年署　三山

蔣清翊　吳縣監生　八年任　中村

顧廷楨　金匱監生　九年任　三山

韓道生　吳縣監生　九年代理　三山

喻秉彝　武進監生　九年署　三山

楊士周　遂甯從九

品十年
署三山
王承祥嘉定監生
十一年
任三山
費德燠吳縣監生
十二年代
理中村
華逢堯金匱供事
十二年
署中村
龔之樂宛平監生
十二年
署廟山
施輔臣東台監生
十三年
署廟山

	光緒
	蔣鳳祥 上元供事 元年代理 陶雲升 元年復任 姚徽典 邵陽舉人 二年兼理 黃文登 歐陽增貢
	范春榮 大興監生 二年代理 徐廷勳 荆溪監生 六年署 朱楨 婺源監生 七年任
陳錫智 丹徒監生 十二年署中村 傅紹彌 華陽監生 十三年任中村以上縣册	程家祿 震澤監生 元年署三山 傅承慶 城都監生 元年任三山 韓道生 五年代理三山
	呂聲正 宜興儒士 二年署 張文清 山陽監生 三年署 王翰 金山監貢 四年代理

二年
署
高桐 黎城進士
三年
任
雙斌 金谿舉人
四年
署
高桐 四年復任
沈藻烈 湘鄉附貢
五年
署
高桐 八年復任
鄧暹燮 武岡附貢
八年
代理

林承露 武進監生
十一年代理
徐振元 吳縣監生
十一年署
李昌泰 湘潭監生
十二年任
史樹綱 溧陽監生
二十二年署
潘淮湘 泰州監生
二十二年任

徐鼎 吳縣監生
六年署
三山
孫曾祐 宣城監生
六年署
廟山
李寶森 德化監生
七年任三山
附陶雲升傳
李明理 石埭從九
品七年代
理中村
戴興元 大興監生
七年署
中村
沈維鎬 上海監生

唐艮棣 全州監生
四年署
洪樹勳 華陽監生
四年任
莊曾鉞 奉賢監生
十年代理
楊士周 遂甯從九
品十年署
劉昌圻 上元監貢
十一年代理
董彥芬 德興監生

高桐　八年復任
何兆愷　江甯監生
十四年署
忠滿　正紅旗監生，十六年署
周炳麟　南海舉人
十七年任
忠滿　十九年代理
周炳麟　十九年復任

七年代理中村
高長松　貴池吏員
七年署廟山
王翰　八年代任廟山
吳琦　桐城監生
八年署廟山
儲宣和　潛山監生
八年任廟山
劉秀杭　縣生監生
八年任中村

十二年署
湯守銘　宜興監生
十二年代理
章昌鉞　績溪監生
十三年任
徐德沅　上元監生
十六年署
蔣薛榮　元和監生
十六年代理
李豫　十六年署
呂鼎　大興監生

惲遐齡　陽湖監生
二十一年署
周炳麟　二十二年復任
張縉雲　光澤舉人
二十三年署
湯佶昭　益陽監生
二十四年任
以上縣冊

林承露　武進監生
八年代理中村
林祖勳　無錫監生
九年署中村
彭述曾　奉新監生
九年任中村
林承露　十二年復
代理中村
張賡第　丹徒監生
十二年署中村
汪丙照　績谿監生

十七年代理
耶景汾　長樂附貢
十八年署
蔡承訓　監利監生
十九年代理
方全元　歙縣供事
十九年署
蔣廷模　二十一年兼理
藍馨　侯官監生
二十一年任
以上縣冊

十三年任中村

李寶森　十四年兼理廟山

黃承澤　華亭監生　十四年代理廟山

王坤厚　溧陽監生　十四年署廟山

陳達朝　奉賢監生　十五年任廟山

李豫　昆明監生　十六年代理三山

李濤 吳縣監生 十六年署三山
林葆榮 侯官監生 十七年任三山
葉維燾 吳縣監生 十七年署中村
蔣廷模 江陰監生 十九年任中村
趙惟清 南城監生 二十三年任廟山

宋
咸淳

學諭
沈希賢 七年任

山長
徐興隋 康熙志作元山長

元		
教諭主管學事		學正主管學事　案元貞元年升縣爲州改教諭爲學正訓導山長仍舊
訓導分掌學事		
山長主高節書院教祀事	岑翔龍康熙志據袁桷清容集岑翔龍墓志謂爲山長當在元至元中嘉靖志列入宋表 張澍山陰人十六年任 卓彌高三十年任	

元貞	延祐	至元	至正
	楊友仁 陳子安 康熙志案黃巖人延祐初爲學正見程篁墩集		孔思則 元年任 趙德莊 三年任 徐雙老 五年任 汪　焱 七年任 劉中可 十三年任乾隆志
		汪　信 元年任邑	鄭　彝 五年任邑人 趙由浩 六年任 楊　璲 七年任邑人 孫元蒙 八年任 陳　當 九年任
王　葯 乾隆志金華人見王禕忠文集	劉仲實		桂德稱 九年任有傳各舊志題桂彥良 胡秉常 十二年任 陶　安 十三年任有傳 應仲珍 宋庸庵集送行

作可中

鄭涔 二十年任

蔣履泰 二十三年任

趙棣 二十四年任

劉越 至正十一年孫元蒙餘姚州學覈田記

序建德人

金止善

楊瑛

劉彬 以上四人歷任年佚

丁誠 二十三年任

陳子昌 二十四年任

明

洪武

教諭 總署學事

許泰 邑人四年任

岑文璧 邑人七年任

施尊 十一年任

訓導 分署學事

趙宜生 邑人二年任有傳

王至 邑人四年任有傳

華彥高 邑人七年任

		岑宗鷃邑人十一年任 單挹原十二年任康熙志原作源 華彥良邑人十三年任 王升山陰人二十四年任
永樂	黃金鉉十一年任 林觀甯德人十七年任有傳	劉敘十一年任
宣德	陳慶四年任 程晶年佚	詹頊樂平人四年任
正統	彭大年施顯忠墓誌南昌人二年任 王懋池州人四年任 高敏漳浦人十二年任	華孟勤邑人四年任 林彌贊莆田人七年任 鄭賢莆田人九年任

景泰	羅　昇　太和人元年任	童養性　德興人元年任
	張崇德　乾隆府志	
天順		王　鈍　金壇人府志鈍作純　乾隆
成化	胡霽寰　烏山胡譜守節傳五年任	王拱辰　十五年任
	胡　壆　龍溪人七年任	曹　瓚　十七年任
	姚　倬　十四年任	
弘治	陳　璘　武進人元年任	姚　瑄　二年任
	李　烜　浮梁人三年任	林大霖　莆田人七年任乾隆府志霖作震
	蕭　夔　太和人七年任	俞　昂　永豐人九年任
	陳汝玉　莆田人九年任	王　嶼　上海人十年任
	易宗化　攸縣人十五年任	王　福　長洲人十三年任

范魯 巴陵人十七年任

正德

譚璋 臨桂人八年任有傳

吳瑛 十二年任

梁廉 太和人十五年任

嘉靖

徐銳 七年任

陳珪 九年任

王諫 十一年任

方準 浮梁人十八年任

鄭光琬 莆田人三年任

張善繼 懷安人十年任

蘇子受 海陽人十年任

陸懷 烏撤衛人十一年任 乾隆志陸作陳

詹拱 浦城人十三年任

雷世懋 清流人十四年任

張世宜 懷安人五年任

謝賢 貴溪人六年任

陳元 龍溪人七年任

毛仲麟 豐城人十四年任

劉邦才 慈利人十九年任

以上本嘉靖志例同前

嘉靖

彭漢

李瑗

楊伯元 二十七年光復勝朝作歸山形勝記碑陰湖

李時雍

危麒

潘時

劉尚平

王球 有傳

譚大綱

諸應朝 二十七年光復勝歸山形勝碑陰記

李士龍 乾隆志案士龍字應明嘉定歲貢見蘇州志舊志作時龍誤

談詔 三十年修學碑記

潘詩

汪梓

莊天恩有傳
周大章

隆慶
梁自新
程蒙吉
方　齊

萬歷
徐進堂
譚大始

張　標
宋守元
季允濟
許　導王檢齋去思碑記導作道
李　惠
朱　煦
吳　憲
梁　榜
鍾　梧
嚴而泰
張　瑚

黃　墀有傳	周邦新
何其聰	王　臣
林一煥	高　鑾
馬應龍有傳	閻九經
周世臣	謝思謙
霍維城	鄭從善
鮑士龍	項邦憲
王寅賓	孫正誼乾隆府志誼作宜
錢肖選	余　暨
錢逢春乾隆府志慈谿人	鄭　楫
馮大受	李陽溥

沈祖述

天啟

崔嘉

崇禎

胡希祖：乾隆府志希作孝

王廷耀

葉禾

蔣霑：乾隆府志霑作沾

錢瑩

盧惟欽

張應魁

吳敦倫

盛銓

王家棟

張養湻

金道合

陳孚嘉

李應日

張明昌

蔣鳴鳳

趙敏學

黃承業　乾隆志案杭州府志於潛人辟署教諭

吳燦　安慶府志望江縣舉人年甲佚

王國朋

毛尚文

胡自舜

杜如意

國朝教諭

順治

張懋華　桐鄉人

李仕道　遂昌人

陳文高　金華人

朱綸　平湖人以上籍貫本乾隆府志歷

訓導

吳懋卿　江浦人

唐士佳　慈谿人

詹敦　開化人

鄭士章　西安人以上籍貫本乾隆府志歷

任年佚

康熙

孫楚如　平湖人

袁之龍　新城人

關仙渠　校官詩錄錢塘舉人字槎度

沈天錫　湖州舉人

徐孟瑚　海甯貢士乾隆府志瑚作湖

沈煋　海甯舉人有傳

任年佚

方運昌　湻安人年佚

以上本康熙志例同前

康熙

張聯箕　四十二年任乾隆府志新城人

徐鍾贄　六十年任校官詩錄新城舉人

裘治音　四十四年任乾隆府志慈谿人

雍正

沈鎮　七年任

柴勳　四年任

	乾隆
周上進任十年	馬亶錫十年任校官詩錄平湖舉人 周助瀾仁和人十六年任有傳 戴永植三十二年任乾隆府志歸安人 邵守仁錢塘舉人三十三年任
牟亮采十三年任 周上如校官詩錄字汝石湻安歲貢歷任年佚	王雲鯤十一年任 桂千人台州人十七年任 崔鳳詔二十三年任乾隆府志海鹽人作二十一年任 唐華三十二年任乾隆府志浦江舉人 汪師曾秀水人三十六年任 吳高增嘉興人歷任年佚有傳

以上本乾隆志例同前

乾隆

任啟疆　慈谿舉人四十七年任

周懋曾　永嘉舉人五十二年任　以上見乾隆府志

崔鳳詔　乾隆府志四十八年再任

何士院　與任啟疆同任

鍾德馨　督署憲綱册武義歲貢五十九年任

姚夢石　五十九年助海廟碑記

嘉慶

吳安世　錢塘舉人三年任

高維嶽　臨安舉人九年任　以上督署憲綱册

朱淞　校官詩錄嘉興舉人嘉慶辛酉大挑一等由甌甯知縣改教諭歷任年佚

周祀　仁和舉人三年任

夏淮　建德廪貢六年任有傳

張元叔　平湖廪貢九年任

王清棟　海甯拔貢二十年任　以上督署憲綱册

道光

鄭嶼　仁和人

沈元金　歸安舉人

諸葛楓　蘭溪廪貢　以上據校官詩錄

咸豐	葉汝封　台州人	陳一醕　與鄭輿同任
		章廷彥　六年修學署碑記
同治	吳光鎬　長興附貢元年代理	童　章　鄞縣附貢元年代理
	洪昌許　錢塘舉人四年任	嚴葆銘　歸安舉人四年任
	任位俊　永嘉廩貢十一年署	魏熙元　仁和舉人十一年署
	洪衍慶　錢塘舉人十二年任	戴　匡　德清附貢十一年任　以上縣册
	戴　匡　十三年訓導兼理	
	潘德馨　龍泉附貢十三年署	
	洪衍慶　十三年復任　以上縣册	
光緒	朱寶珍　江山拔貢二年署	徐恩綬　八年教諭兼理
	洪衍慶　二年復任	許文耀　常山拔貢八年署

戴　匡三年訓導兼理

王宗訓麗水廩貢三年署

洪衍慶三年復任

徐恩綬錢塘舉人六年任

高煥然松陽拔貢二十年署

徐鳳苞東陽舉人二十一年任以上縣冊

沈頌清平湖舉人九年任以上縣冊

附石堰場大使

王紹沂順天人咸豐十一年署　潘承恩江蘇人同治元年代理　徐　萼江西人同治二年代理　張兆熙如皋人同治三年署　劉昺南江都舉人同治五年署　朱有鎔順天武進舉人同治六年署　楊希淦蓬溪舉人同治七年任　王　儉江蘇人同治十三年署　彭思誠通州生員光緒元年任　趙儒珍太倉州人光緒七年代理

徐日增吳縣人光緒七年署　張傳棨桐城人光緒八年任　劉昌圻上元人光緒八年代理　許嘉言華亭人光緒八年署　劉葆章旌德人光緒九年任　張修甲華亭人光緒十六年由金山兼理　周雲鵬昭文人光緒十六年署　廖壽鏞嘉定人光緒十七年署　葉承寶吳縣人光緒十九年任

案職官姓氏仕履上下官司例有册檔續編得以取資原易爲力邑自乾隆迄今曠越百年中經粵寇之難上至省府皆嘗被燹片牘無存惟兼轄督轅尙有憲綱册可稽然僅得嘉慶以前仍有存有佚道光咸豐兩朝則士族頗有紀述是謂學官弟子錄亦惟知縣曾主縣試者書之或則姓存名佚參以采訪究恐未免缺略同治以來縣册始具差爲詳審今以次列表一律分注所本其未備者猶有望於將來學官則嘉靖志官師同譜康熙乾隆兩志亦合載今別爲表如左又石堰場大使職司縣境鹽課亦經政大端舊志惟官制略見衙署其歷任各官槩未登載斷自咸同之際以迄於今始有可錄增表附後庶繼起者得所因焉

餘姚縣志卷十八職官表終

光緒重修